# Law/
# 西方法律的渊源与根基
~认识西方法律的根源、探索法治的根基~

王鈞生 著

# ■ 序

王鈞生

西方的英美法德（本书专指盎格鲁撒克逊、法兰克、日耳曼三个原是西方蛮邦所建的国家）曾是西方帝国主义者，也是世界文明的先驱。他们社会进步、民富国强的因素很多，唯在诸多因素中，其健全的法律，功不可没。他们独到的司法体系，让社会在默默中循序运行，造成进步与繁荣。其他国家自是竞相仿习西方体制，制订法律，期能早日结成善果。

本书借近代「亚非式民主」与「西方原版民主」，作一对照，说明西方先有健全的法律，才有真实的法治民主。同时，以西方法律两大根源－基督教的律法（the Law）与罗马十二表法（The Law of the Twelve Tables）为基点，从历史事实解说西方法律文化的演进及特质。

在此两大根源中，基督教义的主干，圣经的律法（the Law），对西方文化的影响，至深且巨。那些西方蛮邦人自六世纪起，就从罗马教会接受基督教的开化，深受律法的教化与约束，自始就与基督教一体共生。不但法律源自基督教，

就连西方的哲学，绘画、建筑、雕塑、音乐，都与基督教密不可分。而在文艺复兴之前的基督教世界，古希腊罗马文化尚遭斥为异端劣俗，深受蔑视，知其事者极少。

即使备受西方学界政界所推崇的查士丁尼法典（Code of Justinian），虽源于罗马十二表法，却是罗马正统基督教派皇帝，查士丁尼（Justinian，527-565在位）眼见帝国境内各教派林立，文争武斗不止，异教信仰仍然残存于社会；为统一基督教信仰，他特令编写这部法典的基督教学-者及教士，自始至终都要以上帝之意，亦即基督教的律法（the Law）为本。由此历史事实即知基督教的律法，the Law，对西方法律的深刻影响。

律法，英文为：the Law（即拉丁文的 lex；复数为 leges），原是犹太教律，Torah 的中、英译名，其原意为：训示、规距，其内容除了神意天启之外，还含有许多道德规范。自宗教改革后，西方基督徒为反抗罗马教会的神权压制，开始注重圣经中的道德训示、耶稣言行，并视之为基督教义的主轴。十七世纪时，许多新教地区，包括北美殖民地，还明言以圣经为「法律」。自此，原属宗教性的道德规范，不断演进，终成社会规范的「法律」。由此看来，律法（the Law）不但是今日西方法律（Law）的根源，也是西方人思想、文化的根源。

中西文化在本质上就存有巨大的差异，不易互融相通。为让读者能够充分了解西方文化的基础及观念，本书特将罗马十二表法的拉丁文版作出中英解译，以力求接近原义；又

将西方法律（Law）的主要根源，基督教的律法（the Law），挑选具有代表性的处世规范及道德训示（但不含神性或宣教文句），选用适合版本的英文经句，共约三百则，依性质分门别类，编辑而出。本人虽不是基督徒，但对基督教尚有相当的认识，为求准确及避免宣教之嫌，对各家英文经句的译注，都以英王詹姆士版及拉丁版为根本依据，且未采用中文版经句。不止于此，十三世纪罗马教会权威学者，艾奎那（Thomas Aquinas，1225-74）在其名著 Summa Theologiae 中，对「Law」的解说，亦加以简明介绍，期望国人能从这些解说中，对西方法律的文化与传承，能有深层的认识。本书所述事迹，有些或许与一般认知或市面书籍不尽相同，但这并无困扰，更可促使读者多方探索，追寻事实，从切磋明辨中获益。

当见到这些律法（the Law）的训言时，不难发现就是为人处世的「道德规矩」（moralia－拉丁字：即英文morals）而已，也是西方法律（Law）的根基。事实上，在我们的古书及传统文化中也有同样的道德训示，只是久己不受重视，甚至痛遭打倒之灾。反观那些西方蛮邦人所建的国家，虽然反抗罗马教会，却仍重视其文化根源的律法－the Law。他们积极实行律法的训示，让社会普受律法道德的教化，终造出法治的文明社会。

为说明国民的「道德教化」与「法治社会」的关系，特在附录中附上「英国39条信规及英国社会的道德教化」以及「英国大宪章及依法治国的浮沉简录」，以供多方参考。

由此看来，处于中国文化下的人（注：本书所说的「中

国」，亦可视为广义的古中国文化圈，包括：中、韩、日、越、琉），实应像西方人一样，重视自己的固有文化，将自己祖先所传下的古训，亦即是：「The Law of Chinese」，包括孔孟四书，作为基础，去芜存菁，择优而用，作为学校、社会的生活教材，让国民培育出遵法守序、自律尊人的习性与社会风气，才足以让「法律」（本意为：训示、规距）融入社会、根植于人心，成为打造「法治社会」的坚实基础。由于中西文化的差异，若只想仿习西方现成的法律、制度，或引用西方法律名言及判例，就指望能够达成法治，那才真是缘木求鱼。至此，特用Law的语法表达其意：

Behold! Chinese, Wake up ! You shall study the Law of Chinese and do them!

自廿一世纪起，中国文化下的人，无论在经济、科技等各方面的实力，已足与西方齐头竞争。唯在实行依法治国，维护社会公平与正义方面，尚有加强的空间。若期望师夷之长、开创新局，唯有知己知彼，借用他山之石，攻己之短，才是达成目标的根本之道。希望本书对有意深入探索他山之石，却面对千山万水而困惑的人，提供一个方便的捷径。

# Copyright page
# 英文圣经版本引用说明

[Notice of copyright and acknowledgement for the use of the following versions of the Bible]

本书所引用的英文圣经文句，都是选自下列各家版本。选用数量虽已符合自由使用范围，但为礼貌计，曾特别去函各家，获得同意后使用。

\*\* The Authorized Version of the Bible（The King James Bible）；[KJV]
"Extracts from the Authorized Version of the Bible（The King James Bible），the rights in which are vested in the Crown, are reproduced by permission of Crown's Patentee, Cambridge University Press".

\*\* New American Standard Bible；[NASB]
"Scripture taken from the NEW AMERICAN STANDARD BIBLE®, © Copyright 1960，1962，1963，1968，1971，1972，1973，1975，1977，& 1995 by The Lockman Foundation; Used by permission."（www.Lockman.org）

\*\* New International Version；[NIV]
Scriptures taken from the Holy Bible, New International Version®, NIV®

Copyright © 1973，1978，1984，2011 by Biblica，Inc.®
Used by permission. All rights reserved worldwide.
"Biblica", "International Bible Society" and the Biblica Logo are trademarks registered in the United States Patent and Trademark Office by Biblica，Inc. Used with permission.

\*\* New Revised Standard Version Bible；［NRSV］

［Scripture quotations are from］ Common Bible：New Revised Standard Version Bible，copyright © 1989 National Council of the Churches of Christ in the United States of America. Used by permission. All rights reserved.

\*\* World English Bible；［WEB］

The World English Bible is in the Public Domain. That means that it is not copyrighted. (However，"World English Bible" is a Trademark of eBible.org.)

对上述机构，在此特至谢忱！
Special thanks to the above institutions.

# 目次 contents

序　　　　　　　　　　　　　　　　　　　　　　　　003
**Copyright page** 英文圣经版本引用说明　　　　　　007

**第一章：认识西方法律（Law）的文化渊源　　　　　013**
　　第一节：西方的「民主、自由」是否适合
　　　　　　其他文化地区？　　　　　　　　　　　013
　　第二节：人的「自由」靠别人的「自制」，
　　　　　　自制靠「法律」与「道德自律」　　　　015
　　第三节：略窥西方法律文化的渊源与进化过程　　019
　　第四节：「民主法治」，西方能；外地国家只要
　　　　　　肯付出，也能！　　　　　　　　　　　032

**第二章：看西方从神术至学术，正视自家的**
　　　　　**「The Law of Chinese」　　　　　　　039**
　　第一节：视西方为一体，细谈黑格尔评「论语」　039
　　第二节：中国的「律法」：
　　　　　　**Chinese Torah、the Law of Chinese**　085

**第三章：律法阅读指引** 098
　　第一节：旧约与新约简介 100
　　第二节：当代希腊写作特色：
　　　　　　爱用激动、夸张言词表达意念（Cynic） 101
　　第三节：本书对律法的编写方式 103
　　第四节：以中文了解其大意，用英文体会其真义 104
　　第五节：宜将此书视为法律、哲学等西方主流文化的
　　　　　　基础读物 105

**第四章：律法（The Law）精华** 108
　　第一节：从「待人如己」到「爱人如己」
　　　　　　——含「十诫」 108
　　第二节：实行训言才算数！Just Do Them！ 114
　　第三节：国泰民安、安邦富国，始于廉、耻 123
　　第四节：身教 129
　　第五节：人贵自觉，及时改过 132

**第五章：基督教义在「爱人如己」之外的特色**     135

    第一节：救济贫困、力助弱势     135

    第二节：谦虚处世     146

    第三节：不可说谎（=说实话、讲诚信）     151

    第四节：为弱势百姓反抗政教权贵

            —法利赛人—实录     157

    第五节：一般的处世观与信仰观     167

**第六章：审判－断是非、别善恶，维护人间公义**     188

    第一节：「法官－Judge」代上帝判是非；

            以及分层负责、分权行事     192

    第二节：旧约（Old Law）与新约（New Law）的

            审判观     197

    第三节：律法及审判的目标：

            The Righteousness of the God（世界大同）     209

**第七章：罗马十二表法，The Law of the Twelve Tables**　　218
　　第一节：罗马十二表法小史　　218
　　第二节：罗马十二表法
　　　　（The Law of the Twelve Tables）（拉丁版）226

**附　录**　　243
　　附录一：艾奎那（Thomas Aquinas）名著：
　　　　Summa Theologiae；Law 及 Justice 节录　　243
　　附录二：英国 39 条信仰法规及英国社会的道德教化　　260
　　附录三：英国大宪章及依法治国的浮沉实录　　267

# 第一章：
# 认识西方法律（Law）的文化渊源

## 第一节：西方的「民主、自由」是否适合其他文化地区？

自二次大战结束以来，西方（特指：盎格鲁撒克逊、法兰克、日耳曼三支蛮族所建的国家，主要是：英美法德）以外的国家，包括：亚非、拉丁美洲、东方及回教诸国，倾心西方的「民主自由」，就把西方表面那一套，包括：选举，依样画葫芦，仿照而行。更不幸的是许多西方政客，仗其文明先进的优势，特爱鼓吹自身体制的优越性，急思输出其体制，力促仿校。

那些新起的「民主国家」，从早期的菲律宾、印度，到近期的伊拉克，甚至同奉基督教的东方人，如：俄罗斯、乌克兰，都是不顾民情、民俗和民智的差异，急于采行西方表面体制，横柴入灶，但求一举跃进「民主自由」之林。

但这些国家，官民素质尚不到位，仅靠着选举，再仿袭西方的法律、制度，就自视为「民主」国家。帷这些国家皆因法

律难以自行，权力大于法律，造成有权有势者借民主玩权弄法，最后还是变相的专制；人民不曾、也不知如何当主人，不是易受操弄、就是刁民得道，造成画虎不成反类犬的结果。

这现象的根本原因，在于这些国家自古以来就处于专权体制之下，既无「法律」的文化传承，更无实行「法律」的基本条件。他们一向习于服从上命，忠于事主，从无「照规矩办事」或「依法行事」的观念与习性。当国体突变为「民主」，理应「依法治国」，但在权势者遇上妨碍自己权益之事，就原形毕露，靠权力超越法律，便宜行事。这种明目违反自家订出的「法律」，破坏规矩以遂私愿之事，在这些新起的「民主国家」，已是家常便饭，成为通病。橘逾淮而为枳，果然！

「法律」是典型的西方「洋玩意儿」，却是管理众人之事的好方法。以前帝王专制时代，各国虽有其独自的「法律」，但实际上，那些「法律」备受权威的挤压，早已失去功效。那些真正管控人民的「国法」，或「潜规则」，就是皇令、上谕，或地方权官一己之念。那些「国法」，多是帝王高官随兴而起，前后不一，乱无章法，无法根植于社会人心。一旦帝王权威体制败亡，其「法律」则因早失功能而无法维持社会秩序，导至社会动乱。西罗马帝国就是典型实例，当其皇权灭亡，「法律」又失其功能（包括：十二表法），国家迅速沦入黑暗时代。

西方原来也是王权专制。国王常为私利而随兴订出苛法严规，压榨百姓。后来人民以革命消灭王权，才由人民作

主，订法治国。换句话说，西方以革命方式把监管人民的「国法」，以及订立「国法」的大权，从国王手中转交给人民（其实为有势力的地主及资产阶层，不过至少可以代表相当的民意，却非独断的王权），并依民意制订「法律」，造出西方的「民主」。

显然，民主与健全的法律一体共生。这种共生情景常见于西方的「法治民主」。今若以西方的法治民主为标杆，且称之为真民主，我们可以说：唯有健全的法律，才能造出真民主，而真民主全靠健全的法律。因此，那些新起的「民主之国」显然并不符合西方民主的条件；在其法律未能健全之前，西方的民主也不适用于这些国家；正如羽翼未丰的小鸟，就是不会飞的道理一样。这话说的虽然直白，却是逆耳忠言，更是冷酷的现实。

至于新起国家经常挂在口边的「自由」，以及西方的「民主自由」怎样才能适合这些国家？让我们继续探讨。

## 第二节：人的「自由」靠别人的「自制」，自制靠「法律」与「道德自律」

那些新起国家的当权政客，或所谓「自由民主斗士」，最爱引用法国大革命的人权宣言，第一条，「人天生就有自由、平等的权利」。但这些人显然是瞎子摸象，摸到象鼻就说象和蛇一样。且让我们续读人权宣言第四条及第六条如下：

- 第四条：自由是人人都可做自己想做的事，但不可伤

害到别人，……自由的限度应由法律规定。
- 第六条：法律是经过全体国民同意的行事规范，也是民意的展现。

人权宣言第四条明确的提醒世人，自由有其限度，需要法律的约束。再看一下西方的革命，包括：法国大革命、美国革命、英国大宪章及光荣革命，还有德国人民于1848年，在法兰克福，德国全民代表大会所决议的「自由宪法」（此即威玛宪法之源），都是人民具有反抗王权、争取民权的共识，然后再以自己的文化背景为基础，集体制定法律。故其法律自是充分展现民意，这就是第六条的精义。

但这些新起国家自有史以来，从来没有知识学者发展出以人为本的民权思想，更无民主自由的文化与经历。他们的「民主政体」尚多从殖民主或专权统治者的施送或指点而来。这些国家的人民，长久处于困境，缺乏自己的意志，只有盲目追随那些民主斗士；而那些斗士其实只是志在取得政权，并非为了人民长远的幸福及国家前景着想，非洲的津巴威就是典型实例。因此，其议会制定的法律，并非源于自己固有的思想文化，事实上几乎悉数抄袭西方现成的法律，加上这些订法者多以自己的权谋私利为导向，以此背景所订的法律，能展现几分真实民意？深值怀疑！

事实上，即使西方也不可能只靠一部法律就可造出自由。因为法律难以周全，很多人都想避开法律、作些违法之事，以逞私欲。所以让我们寻找更好方法。

「自由」，依照字义应是：人人都可做自己想做的事。若真如此，那么州官必定认为：我有天生的「自由」，可以随兴放火；又认为：我天生就有禁止百姓点灯的「自由」。大男人在外受气，回家就可「自由」的打老婆出气。于是，百姓及小女子就失去自由，造成：大欺小、强凌弱、众暴寡的社会，天下肯定大乱。

因此，对势大者，上自州官、下至大男人，自需依照人权宣言第四条，订出法律，促使他们必须克制自己的言行，亦即：守法「自制」，不可妨碍别人，违者受罚，让州官及大男人不敢以身试法。这样，那些弱势的百姓或小女子才会有「自由」，还能自由发展自己的才智。换句话说，许多人的「自由」是建立在别人的「自制」之上。用实例来说：你减速停车，让我有过马路的自由；我也减速停车，让别人也有过马路的自由。或者说：让我自由发挥才智，请你自制，不要无理压制我；我也让你自由发挥才智，我会自制，不会无理压制你。简言之，我的「自由」靠你的「自制」；你的「自由」靠我的「自制」。

其实，「自由」只是一种结果，自由本身不会产生自由。提倡自由，并不会造出自由，恐只会产生不良副作用；只有靠「自制」的手段才能造出「自由」的环境。社会上能「自制」的人愈多，「自由」就愈多。「自制」和「自由」实可说是因果关系，也是一体的两面。

但是即便有了法律，由于人类贪婪的本性，很多人不愿守法「自制」，总想投机违法，做出损人利己之事。因此，

为让那些州官强势人物能够自制，除了制订法律之外，势须从人性的根本做起，培养全国官民的道德信念，让「己所不欲，勿施于人」，或「待人如己」的信念，深植于人心。若用通俗的话来说，就是大家都能将心比心，把别人也当作（与我同样的）「人」，不能以邻为壑。具有这种道德信念的人，才会真心诚意自动自发的自制，亦即：严以律己的「自律」，包括：尊重自己也尊重别人，不愿大欺小、强凌弱，更不愿侵犯别人的自由。此时，势大的州官和大男人，见到弱势的百姓和小女子，不但会自律，不欺压弱小，还愿热心帮助有困难的百姓和小女子，甚至乐于方便他们发挥才智。至此，无论是州官、大男人，皆视百姓、小女子与我平等共生；易言之，人人平等的观念已深植于社会人心（这就是为何西方人常将「自由」与「平等」相提并论）。

　　事实上，西方先进国家的「自由」，虽然也靠法律来维护，但主要仍靠全国官民基于道德上的「自律」，才培育出西方人的自由。若借中国古训来解说就是：制节谨度，「自由」满而不溢。显然，西方的民主自由，不但依靠法律，还有赖于道德信念，这方面让我们以后再谈。

　　「自由」有其底线；一旦跨越，必须受到法律及道德层面的强制约束。从另方面而言，社会上若有人可以公然鼓吹暴力，破坏社会秩序，这一类伤害别人及社会的言论，并非表示这个社会有充分的言论自由，只显示这个社会的「法律」与「道德」，双双失去功能，社会麻木无感，是个大有问题的社会。总而言之，「自由」需要成本，并不便宜，不

是任何社会，想要就有、垂手可得之事。

## 第三节：略窥西方法律文化的渊源与进化过程

显然，「法律」是「民主、自由」的基础；「民主、自由」则靠健全的「法律」而存在。前面的解说，不过是老生常谈的常识而已。但问题就在这儿，即使都是常识，但在这些新起的「民主国家」里，高喊「民主、自由」的人极多，肯于实践「法律」的人绝少，本末倒置，却很少人在意。

在这些新起的「民主国家」里，不但从来就没有法律及民主的文化背景，而且「法律」多由当权者操控，人民对法律已失去信赖，法治荡然无存。但在西方先进国家，法律，以及民主、自由，早已溶为社会的自然习性。现在让我们回顾一下两百多年前，法律在民主先进，英国，的运行实景，以供比较、借镜。

- 1770年，美国革命前，波士顿民众在英国军营前，与哨兵发生冲突，并抢夺士兵枪械，不慎走火，四位民众当场死亡，这就是美国史上著名的波士顿屠杀案（？这也算「屠杀」？！）。

  次日，波士顿殖民地的警官直入军营，询问案情，并即刻发出拘捕状，收押英军连长及士官兵等九名嫌犯，解送至波士顿监所候审。后来，波士顿法院开庭，陪审团认为这些军人守营有责，不得已开火，无

罪开释。

令人惊异的是一名殖民地的小小警官，竟可直闯母国「皇军」军营，依法押解在职军人，入监候审。英国「皇军」的统帅，只能任令殖民地的小警官把属下官兵押出军营，却无法出面阻止，真令外人叹为观止，蔚为奇观。

- 十九世纪，维多利亚女王在位时，正是英旗不落日的盛世，大半个地球在她统治之下，自古以来，没有任何帝王堪与相比。她登位后，连遭数次枪击刺杀事件。但事件发生后，全案都移至当地法院审理。这位统治半个地球的女王，在法庭里，只不过算是一个受害的原告，尚须依法「面对被指控的人」。

  令人惊异的是刺客并未因谋刺女王而处以极刑，却是由法院依法裁决。诸如：1840年，第一个刺客对女王开枪，未射中而被捕，移送法院。法官认为刺客精神异常，只要他肯被遣送澳州，即可开释。1849年，她又受枪击。这位刺客是个无业游民。法院审理后，判这位刺客流放澳纽边区七年。

试问，两百多年前，这种无分上下，更无特权，一律「遵法守序、依法行事」的文化与习性，在今日那些热衷「民主自由」的亚非、拉丁美洲、东方或回教世界，可曾存在？西方的盎格鲁撒克逊蛮邦人就是靠着这种习于「遵法守

序、依法行事」的底气才能打造出「民主自由」，并从蛮邦快速成长为文明先进。其他外邦地区的国家（包括：文明古国的埃及、伊拉克、印度，或后进的东方俄罗斯、乌克兰，甚至于什么都没有的亚非诸国，如菲律宾、津巴威）完全缺乏这些底气，无论是官民的素质、国民习性以及社会风气都不到位。既无此底气，何德何能敢于冒然跃进「民主潮流」？若不识水性，却冒然跳入水中，自然沉入水底，实难造出真民主。在这情况下，只能说：枳无论到那里，还是枳，变不成橘子。

现在，让我们试着回答前面的问题：西方的「民主、自由」怎样才能适合其他文化地区？也就是说：枳如何变橘？

事实上，人人皆可为尧舜，西方人能，亚非及拉美人也能。但西方人曾历经数百年的律法教化与历练，官民早已培养出守法守序，可以自行立法、当家作主的习性。其他国家若想赶上，必须付出虚心学习及勇于改进的代价，才能将「法律」落实于社会。唯有这样才有机会获得「民主、自由」；但绝非盲目仿习西方表面，抄袭其法律，成立议会，用选举产生一堆「官、员」，即可变成「民主、自由」的国家。最典型的实例，应是墨西哥总统，Andres Manuel Lopez Obrador（2018-2024 在职）拟仿照美国各州法官民选的方式，将全国的法官，包括大法官，一律以选举产生。他宣称，这方式在美国的绩效优良，法律可 "of the People"，更贴近民意，深化民主。但美国舆论多认为，这样盲目抄袭恐是一场灾难

之始。世间那有不种豆，却得豆的好事？显然，这些「民主国家」并不真正了解西方的民主，却自以为是而已。

因此，为进一步认识西方「民主自由」的基础——法律，让我们饮水思源，返璞归真，略窥西方法律（Law）的主要根源，基督教圣经的律法（the Law），以观其论述（另一个为：罗马十二表法，容后叙）。

英文的「Law」，译自犹太教，希伯来经书的 Torah，原意为：教诲、训示，并专用为：上帝的训诫，其内容除了神性规范外，就是为人处世的道德规范。早期希腊基督徒将 Torah 译成希腊文的 nomos，其意为：量尺、丈量、规距之意。罗马时代的基督徒选用 **lex**（单数：法律），或 **leges**（多数），作为译名。据十三世纪，罗马教会的教义权威，艾奎那（Thomas Aquinas，1225-74）所编的「神学总览」（Summa Theologiae）书中所说，Lex 源自拉丁文的：ligando，为：束缚、限制、绑住（to bind）之意，再引申为：行事**规距与准则**（rule and measure）。［请参看附录一，艾奎纳（Thomas Aquinas）名著：Summa Theologiae; Law 及 Justice 节录］。Lex 的拉丁字源：ligando（to bind，约束、限制），就是人权宣言第四条所示，人应受法律的「约束、限制」之真义。

从「Law」的根源看来，the Law 是上帝的训诫，或上帝立下的规距，也是基督教义的主干。据艾奎那在「神学总览」的解说：

旧约（Old Law）含有很多「moralia」（道德；英

文：morals）的准则；……道德训诫也是 Law 的范围；……New Law（新约的福音书）都是道德训诫（续见附录一）。{注：中文的「道德」，在拉丁文是：moralia (pl) 或 moralis (sing)，即英文的：morals 或 moral。}

简言之，若不谈神性规范，the Law 之内涵，就是后世所称的「道德」－moralia；这也是十六世纪，英国国会与伊利沙白女王所订的新教根本大法，39条信规，之明文解释（见附录二：英国39条信规及英国社会的道德教化）。总而言之，Law 的本质真义，就是上帝所训示的道德规距、处世规范，必须力行（即律法说的：**Do them**）。

律法（the Law）的项目繁多，难计其数，但其基础仅在于「己所不欲勿施于人」，或「侍人如待己」的信念之上（详见第四章：律法精华，第一节）。因此，the Law，无论中文译之为：律法、道德、法律，其基本精神就是：「不可损害别人」。因此，若行事「没有损害别人」，就合乎道德的基本精神，大致即属「对的」行为（尚有其他附带條件）。可惜「道德」久己圣格化，犹如三纲五常，圣伟慑人；但实质上，与「遵法守纪」或「守规距」，实属同义，甚至简单到如同交通法规：「红灯停、行人优先」，并不深奥，更不难行。难的是人心而已。

学校课本告诉我们，备受西方尊奉的首部成文法，就是公元533年，罗马皇帝，查士丁尼（Justinian；527-565在位），下令编订的查士丁尼法典（Code of Justinian）。很多

人仅简称：the Digest 或 the Pandects（希腊原文意：包含所有的）。但课本并未说明这部法典是以基督教义为重心所编的法典。为了解详情，势需从这部法典的根源，也是今日法律的另一个根源，罗马十二表法，谈起（请参阅第七章，罗马十二表法，The Law of the Twelve Tables）。

公元前450年，罗马的地主贵族为了安抚庶民阶层，特颁订十二表法（Lex XII Tabularum；英文：Twelve Tables），并刻在铜板上（亦有说是石板、象牙上）。这些铜板约在七十年后，就被邻邦，高卢人，侵入损毁后，不知所终。唯这些法规，其实就是把当代罗马社会的行事规距与习惯，综合而出的明文法规而已。后来随着罗马帝国不断扩张，这些法规、习惯与观念也随之流传至帝国境内。

自第一世纪起，从希腊传来的基督教在罗马帝国极其盛行，也受尽迫害。直到第四世纪初，康士坦丁大帝（Constantine the Great，306-337在位）借基督徒士兵之助，夺得帝位。他遂在313年，不但让基督教合法化，还大力支持基督教。当时的司法体系非常混乱，讼案拖延时日，都是金权当道，不见公义。康士坦丁为改善这种现象，遂在318年，让基督教的主教，对教区内的基督徒拥有审判权。当时刚获新生的主教多属虔正之士，判案公正而迅速，令人耳目一新。

后来，罗马皇帝狄奥多西（Theodosius，379-395在位）不但定基督教为国教，还在391年，下诏禁止所有的异教信仰。自此，基督教在帝国境内成为唯一合法的宗教，而基督教义，包括其审判观念，自然对当代社会产生举足轻重的影响。

至狄奥多西的孙子，狄奥多西二世（Theodosius II，402-450在位），是一位虔敬的基督徒，深感帝国境内的法令繁杂无章，许多习俗还违背基督教义。于是他召请基督教学者教士、法学者，将帝国境内的法律习惯（多源自罗马十二表法），以及康士坦丁大帝以来的各种律令，再基于基督教义，编出一套新的明文法典。

当代还有一股思潮，就是雅典柏拉图书院「异教学者」所畅言的玄秘思想，后世称之为新柏拉图思想（Neo-Platonism）。他们很像汉朝的儒生，把儒家原来单纯的人文思想解说成阴阳五行、天纲异象，既无根据又费解难懂，但因其学者的名气，在当代颇为盛行。因此，这些思想也融入这部法典之中。一般相信这是受到来自雅典的皇后之影响。这份律令集通称为 Codex Theodosianus，并在438年完成。

因为这份法典巨大而繁杂，甚至连异教思潮也融入法典。在这个以基督教为国教，并以基督教义为主流思想的专制帝国里，这种异于基督教义的思想，迟早都会发生问题。总之，这份拼凑而来的法典始终未能成为主流，也不受后人重视。

当时的罗马帝国是以基督教为国教，且禁止异教。逼的那些异教徒只得表面改宗，化身为基督徒，于是人人一把号，随意解说教义。因此，不但异教神思仍然流行，连基督教本身都是派别林立，互相攻击，社会动乱不已。

至527年，查士丁尼登基为皇帝。他是一位坚定的基督徒，自视基督教正统。为消除异教残余思想及同教异派份

子，他最简捷的辨法就是镇压与杀戮。在另方面，为统一全国的信仰，他召集基督教学者、教士及大臣（全是同派基督徒），并参照 Codex Theodosianus，决心再编一部全新的法令大全。

为了确实统一全体臣民的信仰，并防止异思异见漫延，他特别强调：一个帝国、一部法律、一家教会（One Empire、One Law、One Church）。又为了贯彻他的基督教正统信仰，他要求这部法典自始至终（The beginning, the middle, and the end of our legislation），一切以上帝为本。这份法典终在 533 年完成，通称为查士丁尼法典（Code of Justinian）。查士丁尼皇帝对其正统基督教信仰非常执着，不能容忍异派。他还因为埃及 Coptic 教派偏离三位一体的信仰，派兵大肆杀戮，若非皇后求情，恐早已连根清除。不止于此，查士丁尼还把那个偏离学术正业，爱搞玄奥祕术，且异于基督教义的柏拉图书院，一声令下，关门了事。

查士丁尼法典与今日说的「法律」，不尽相同，含有信仰元素，较近似罗马教会的法规「Cannon Law」。这部法典虽在东方希腊文化地区所编，却仍用当代罗马帝国的「国语」，拉丁文，编写。这样尤其便利意大利的拉丁西方人所阅读，并在西方流通无碍。这部法典既是号称「皇帝承上帝之意」所编订的国家大法，自然也成为知识阶层（都是基督徒）除圣经以外的必要读物。这部源自罗马十二表法与基督教义的法典，对日后西方的法律自然产生深切的影响。

至 751 年，一支哥德蛮族，仑巴底人（Lombard）攻克罗

马帝国在拉丁西方最后一座孤城，Ravenna。从此，拉丁西方就彻底脱离东方希腊式的神权高压控制。但这部拉丁版法典，却仍受西方基督教学者教士的研读。1088 年，义大利有一群热衷于罗马法典的基督教学者，在 Bologna 成立学术研习社团，称之为 universitas，并获教宗的加持，这就是「大学」之始。在此社团（或大学）之中，查士丁尼法典（即通称为罗马法的主干）与教会的法规（Cannon Law），自然成为当时的研习科目。当时的基督教法学者都习惯在书页空白处写下注解，称为 gloss（眉批），作为共同研讨之用。因此，这些法学者通称为 glossators。最早且最著名的学者应是 Irnerius（1050-1125；他理应也是 Bologna「大学」的创始学者之一），他的研究引起查士丁尼法典的学习热潮，成为显学，并培养出许多后继学者。

十三、十四纪期间，义大利商业城邦兴起，他们都需要这些学有专长的法学家协助订法自治，而查士丁尼法典自是最好的参考范本。此时，这些法学家已从学者成为务实的立法顾问，通称为 commentators。于是，查士丁尼法典自是获得广大的重视，成为西方习法、立法，最重要的参考资料。

值得注意的是那些深悉律法（the Law）的基督教学者或教士，无论是 glossators 或 commentators，都是在研习一个「从开始、在中间，到最后，一切都以上帝为本」的查士丁尼法典之后，再去编订各地的「法律」；由此可见基督教的教义及律法，对西方法律的深刻影响，不可不察。自此以后，有关西方法律后续发展的书籍，已是汗牛充栋，已无需在此赘述。

第一章：认识西方法律（Law）的文化渊源　027

那么问题来了，这两份备受后世西方人推崇的十二表法及查士丁尼法典，到底有没有造成社会的公平与正义呢？答案自是没有，否则罗马帝国不会亡国。举例而言，十二表法明言，人死不能葬在城内（第十表第一条），但罗马首位皇帝，奥古斯都，的陵寝就建在罗马城内，遗迹仍在。查士丁尼法典更是明言：高官不受此法的处分，参阅附录一：艾奎纳（Thomas Aquinas）名著：Summa Theologiae；Law及Justice节录；96号反论题。此法条最适当的中译就是：刑不上大夫；更直白的解释就是：州官可以放火。

再者，无论是查士丁尼，或其他任何罗马皇帝，都是杀害异己、毫不手软，但十二表法，第九表中明言：禁止任何人未经审判程序就处以死罪；可悲的是竟连著名的罗马法学家，西塞罗（Cicero，106 BC-43 BC）都遭非法杀害。其他实例，不胜枚举。显然，这些享誉西方的罗马法并没有发挥维护公义的功能。那末，Law什么时侯才开始有效？那是英国十七世纪末期以后，十八世纪才浮现的事了（大致为1689年，权利法案，Bill of Rights，之后；请参阅附录三：英国大宪章及依法治国的浮沉简录）。

今日世明文明，绝多来自西方的英美、法国与德国。他们原是居于罗马北方的盎格鲁撒克逊、法兰克及日耳曼蛮族。在十六世纪的宗教改革时期，这些蛮邦改革派的教士，依据圣经的真义、律法的训诫，重新解释基督教义，并将重心放在教义中的道德信念，并以这些道德信念痛责教会及神职者的腐败与失德。新教改革派的英国国会，在1571年，通

过 Thirty Nine Articles（39 条信仰法规，中文或可简称：39 条信规），并由女王伊利莎白签准施行。这就是英国以新教立国的根本大法（依其过程及目地，犹如今日之宪法）。其中第七条就明言：旧约与新约的训诫，一致而不勃，都是通称的：Moral（道德），不可违犯（详情请参阅附录二：英国 39 条信规及英国社会的道德教化）。

西方早期的「法律」还明言：凭福音书及上帝之名来判案（如 1530 年，神圣罗马帝国皇帝，查理五世在 Diet of Augsburg 所签准的 Lex Carolina；但 Diet of Augsburg 却以安抚新教与罗马教会之冲突而闻名于世）。十七世纪的北美殖民地，更是以律法之源，圣经，为殖民地的「法律」，以及判案的依据。1612 年，北美第一个殖民地，Virginia，的总督，Thomas Dale，就依圣经颁订北美第一部成文法：「Laws Divine, Moral and Martial」，通称为 Dale's Code。从其名称「Divine, Moral」就知道此法是宗教性的道德的严规。由前述实例，就可知道西方的「法律 – Law」与「基督教的律法 – Law、Moral、道德」，一体共生的历史渊源；亦可从此见到西方人在律法道德方面所受的教化历程，实为其他文化地区所缺少的历练。

我们知道西方法律有两大根源，一个是基督教的律法，另一个则是罗马十二表法。两者最大的差异在于：十二表法完全是俗世性的社会规范；基督教的律法则是神性的规范，并包含大量为人处世的道德规矩。不止于此，基督教的律法自古以来，就是西方基督徒必知必读的训示，深刻影响西方

人的思想与行为，也直接影响到后世的法律与哲学。十二表法原文早已遗失，除法学者之外，多不熟悉其内容，对后世的直接影响远不如基督教的律法。因此，本书对律法，自第四章至第六章，分类详加说明。罗马十二表法，则在第七章以拉丁文正版列出，并把每个拉丁单字附上英文字译，然后以中文译出条文的大意，以利读者直接见其原意。

各国学者常借十二表法以认识古代先民的「法律」，亦可由此认识古代的民情习俗。不过就十二表法而言，多属断简残篇，且其条文也不多，范围有限。相对而言，希伯来经书（或旧约）的「律法书」（The Law），对古代先民的「法律」，有非常丰富的条文及解说。尤其是犹太人曾被掳至巴比伦五十余年，融合多方习俗文化，其律法有相当程度的多元融合性（注：汉摩拉比法典就有 An eye for an eye；A tooth for a tooth）。加上律法特有的「为人处世、审判断案」方面的论述（参见后方章节），这远比十二表法，甚至比汉摩拉比法典，都要详尽，且深含寓意而生动；还可凭以反驳黑格尔贬评论语；更因直接影响后世西方的「法律」，深值国内学者研习及了解。

至十七、十八世纪的启蒙时代，当代知识阶层将其文化根源，基督教义所说的道德规矩，包括：爱人如己、救助穷人，拿来当作正事，实行其言，并使互爱互助、救贫济困、寻求社会公义，甚至社会主义思潮，在社会中滋长，成为西方的主流信念。他们的社会就在持续改革之中，快速进步，并让公平与正义浮现，也让西方社会人才倍出，发展出崭新

的思潮与文化，演进出现代的文明社会。

就连敬奉同一位上帝的回教世界（如：土耳其、埃及）甚至读同样经书的东方国家（如：俄罗斯）都是国疲民困。至此，不难发现，西方英德法诸国能从蛮邦快速飞跃至文明先进的关键，并非因其宗教，而是他们能破除宗教迷信，转而重视教义中的道德信念；不再以天启神迹解释疑惑，改用理性来思考问题。他们让全国官民普受教化，培养出遵法守序的社会纪律，与自律尊人的生活习性。当人民具有这些道德及理性的素质之后，这些西方蛮邦人才得以迅速跨入文明法治之境。

「Law」在西方，无论古今，都是同一个字；除了神性信仰外，就是：为人处事的道德训示与规范。到十九世纪，Law历经多年的演进，已脱变为相当成熟的近代「法律」。此时，原是蛮邦的西方，已成为文明先进；而钦慕西方先进的外邦人见到西方的Law时，已是种类齐全的法典。

十九世纪，日本「遣欧使」见到如此完备而宏大的法典时，自是惊羡，特选用汉字的「法」+「律」作为「Law」的译文，中国从之。自此，一般中国人眼中，「法律」是指政府颁订的那些望之生畏、文句艰涩、难懂之法令，却无关乎道德，充其量只是「道德的最低标准」，更无关宗教。这类观念显然与西方「Law」的本意有所偏差，形成认知上的文化差异。

十七世纪，英国大法官，柯克（Edward Coke，1552-1634），不满倡言君权神授（Devine right of kings）的英王詹姆士（King James I，1603-35 在位）自傲循私，劝他说：国王

也不能违背 Law。他说的「Law」，实指「上帝的律法」，是针对詹姆士自视君权神授所作的反讽与批责，并非汉字「法律」所表达的概念。由此看来，Law 译为「法律」虽好，但从其原意及文化渊源看来，显然未能包含全意（故本书将古时所说的 Law，称之为：律法），与原意有些差距。

## 第四节：「民主法治」，西方能；外地国家只要肯付出，也能！

西方的法律经过数百年的历练，才演进至今日的法律。就以北美殖民地的「美国人」而言，他们长久以来就受英国社会律法道德的教化，到达北美殖民地后，各自订出法律，依法自治；在独立后，又共同订出「宪法」。简言之，美国是人民先有道德的教化，然后才能顺利的订法自治；经此过程，法律才足以自行。

但那些新起的民主国家，其国民守法的习性与社会纪律尚不到位，也没有适当的教化，不但缺乏「法律」的历史与文化渊源，亦无民主自由的思想与历练，却都能在一夕之间，编出一堆印制精美的：宪法、XX法、YY法，……；然后，贪官照样贪、仗权玩法者照样玩、违反金融纪律借五鬼搬运公家钱财者照样搬、……闯红灯者照样闯，无法管控，造出徒法不足以自行的景象。这种背道而行，但求一步到位的治国方式，实不足取。这就像把马车的车子放在马之前，自是行不得也。这并非嘲讽，而是说出了实情。

现代西方的法治文明，基本上就是全国官民早已培养出「遵法守序、依法治国」的观念与习性。西方有此文明自是经过数百年的历练，累积而出。因此，若想习得西方法律的成就－法治，势需也要让人民经过一段充分的教化历程，提高国民素质，培养出遵法守序的习性，用白话来说，就是：照规距办事的风气，才有希望。尤其是身居上位者的身教，更有举足轻重的影响。若只想光靠移植西方现成的法规、制度或表象，甚至新潮法律，就期盼达成「法治社会、民主国家」，快速挤入文明先进之林，那才真是异想天开。可惜这些常识性的道理，知之者众、行之者寡；求速成者多、愿耕耘者少。

当年邓小平访问日本，见其产品的精良，盛赞日本人的「工匠精神」。这个「工匠精神」在工业制造的专业语言就是「严格实行品质管制」；用白话来说，就是：「照规矩办事，循规蹈矩，一丝不苟，更不取巧」。日本国民早已培养出遵法守序、照规矩办事（keep the statutes and do them）的习性与风气。这种「照规矩办事，不苟且、不取巧」的习性反映到工业制造时，就是「工匠精神」，造出精良产品；反映至社会，就是遵法守纪，自会产生「法治社会」并造出安定与繁荣。这也是二战后，满目疮痍的德国、日本，能在十余年间就打造出安定繁荣的社会；而印度、阿富汗就是不能的根本因素。谋国者，能不深思乎？

上述说法纯属就事论事，不含任何国族偏见。现在就让我们验证一下，是否就事论事而无偏见：

德国人自宗教改革，反抗罗马教会起，就重视律法的道德训示与基督言行。十七世纪末，一位路德派教士，Philipp J. Spener（1634-1705），见到法国的 Labadists 社团，以实践律法中的道德生活为目标，大家自律守法，互爱互助，救贫济弱，共同生活在一起。他看了之后，非常感动。又因律法强调力行（do them），他基于宗教信仰的使命感，于是召集志同道合的好友，共同研究教义，重视自律修身，力行耶稣言行。他的名言就是：知道教义并不足够，教义的真谛就是起而行之（True Christianity is much more a matter of behavior）。他在1675年，编了一本注重律法道德的书，「Pious Desires」（虔敬之心），勉励世人。他在德语区广受敬重，受人仿校。这个力行律法道德的风潮，称为虔敬风潮（Pietism）或虔敬派。他原在法兰克福（Frankfurt）任教，因受同僚排挤，经同派教友，Angust Francke（1663-1727）推介至 Dresden 任教，继续其志业。而 Angust Francke 则前往来比锡大学任教。

Francke 深受 Spener 的影响，不但以力行律法为帜志，还倡言社会改革。但他的改革思想为校方保守份子所排斥，迫使他在1692年，转至 Wittenberg 的 University of Halle。这所大学是支持马丁路德的勃兰登堡大选侯所创办的新教派大学，排斥教会钳制，主张理性、科学，以及研究自由。他在这所思想开放的大学，如鱼得水，并将其虔敬派的信仰，积极推广，结果大放异彩，非常成功。这大学还为德语区培养无数高水准的中坚知识份子，影响德人至深。这一类动人事迹就是那些西方蛮邦人能突飞猛进、快速超越其他文化地区的重

要原因。同时，这故事也说明为何德国的社会，以及产品，能广受世人称赞。

反观一向自诩为民主国家，又自视文明古国的印度，除了有选举、议会，再加上一套抄袭西方、却不服水土的光鲜「法律」之外，可曾有 Labadists、Pietism 这些重视自律守法，互爱互助的学者及醒世风潮？印度是宗教迷信盛行之地，宗教迷信的另一面就是：盲从而不愿依理论事。试看印度可曾有人鼓吹破除宗教迷信，改而力行其宗教信仰中，有益于社会众生的训言？或重视他们古哲先贤传下的古训良言？劝勉同胞尊奉古训而力行之？结果皆无，自是造成：德国能、印度不能。由此看来，这个推论确实纯属就事论事，不含任何国族偏见。

不妨再进一步观察，十八世纪，当代西方奴隶制度方兴未艾，英国蓄奴派的财势极其庞大。但依基督教义，人是依照上帝的形象而造，自是上帝最珍贵的珠宝，故应珍惜每一个人，怎可把别人－上帝的另一颗珠宝－拿来当奴隶？因此，当代英国的国会议员，William Wilberforce（1759-1833），就极力反对奴隶制度。虽面对强大的利益集团，但在基督教义薰陶下的英国，他也有数量庞大的拥护者，坚定支持他的主张。经过数十年的奔走，反奴的声浪终于胜过财多势大的蓄奴集团。英国的废奴法案（Slavery Abolition Act）终在 1833 年在国会通过，成为法律。

不止于此，还有爱人济贫的教义，让西方出现许多社会改革者，倡言改善工人待遇，最后都能凝聚共识，成为国家的法

律。简言之，他们的「法律」是基于文化根源中的道德信念，再经过不断的奋斗与努力而来，绝非订一法而天下平。

再续看一下：由于律法中的耶稣名言：「上帝的归上帝、凯撒的归凯撒」，就凭这一句训言，竟可导致西方的基督教社会，产生政教分离的思想与法律。只要看一下美国殖民时期，虽然都以宗教立「国」，却能让 William Rogers（1603-83）为了主张政教分离而脱离 Massachusetts 殖民地，前往罗得岛另建殖民地。再看美国宪法第一修正案（Congress **shall** make **no** law respecting an establishment of religion），更是明白宣示政教分离。这与英国清教徒殖民北美，志在建立一个「Citty upon the Hill」（可译为：上帝之邦）的神性目标，大相径庭。

从前述实例就可见识到西方法律的根基与演进过程中，都含有重视人性，以人为本的基本信念：重视众民之意，却不再以「神」或「帝王之尊荣」为中心。这些信念都是前述西方先贤从其传统文化的「律法」之中，选取含有人性的道德信念，起而力行之。因此，若说西方的法律是根深而叶茂，并不为过。

再看印度，他们出自牛津、剑桥的法律学者，多如过江之鲫，连英文都说的字正腔圆，胜过英国同侪。当殖民主走了之后，印度速将西方的法律仿制而出，自视一步升入民主自由的国家。唯印度人民自古以来，既缺 Law 的根基，更无 Law 的文化传承，故其仿抄英國、速成而来的法律无根又无干，正像浮萍漂于水上，光鲜而已。他们的法律不但难以维

持社会公义，亦难改革社会弊病－包括其根深蒂固的迷信与阶级制度。印度竟然如此，那些缺乏西方渊源的其他国家，包括回教、亚非诸国，甚至东方的俄罗斯、乌克兰，不是没有以人为本的思想与文化传承，就是缺乏醒世贤人，谋求社会公义的改革，甚至以上两者皆无，只是空有许多「民主斗士、民族英雄」。以此背景实难促成移风易俗、改进社会的法律，至多只是引进西方前卫新潮法律，改编为自己中意的法律。

在这类自视「民主」国家里，由此背景出身的当权政客，自无法律的文化根底，骨子里更无民主的基因，只有口口声声高唱民主，自己却不遵法守纪，反而善于玩权弄法－当其私愿合乎法律，畅言法律；当其私愿违背法律，则靠权势规避法律。如此精于假借民主之名，视法律为工具，压挤对手、扩权争势的手法，令人叹为观止。一个国家或社会若盛行此类「言不顾行」、「弃礼义而尚首功」的风气，实在是对下一代年轻人，做出最坏的示范与教育。这现象实与西方法律、民主的本义与初衷，背道而驰。

更糟的是这类人物都不愿遵从民意，却自视摩西，足以引领全民进入幸福宝地，但实际上，他们却是一群识浅而自专、坐井观天而不自知的人；试看非洲 Zimbabwe 的民主建国英雄 Mugabe；菲律宾的马可仕；再看中亚，土库曼民主党已故总统，尼亚佐夫，堪称「亚非式民主」的极品。对其人民而言，生活在如此美其名的国体下，实为悲剧一场，令人惋惜。这类政客只重结党成派，争权谋私，视法律为工具，缺乏促进人民幸福、改革社会的志向与胸怀。若指望他们订出

的法律能够安邦定国，伸张人间公义，无非是幻想。

再看韩国总统，尹锡悦，在2024年12月初，竟无视宪法，宣布戒严，令军情部队突袭国会，急欲逮捕反对他的国会议员，震惊世界。这与1642年，英王查理一世（King Charles I, 1625-49，在位），背弃先王的大宪章，径行率兵突袭国会，想要逮捕反对他的国会议员却未成，如出一辙。韩国经济发达、人民知识水平都名列世界前茅，这位总统还曾是检查总长，却知法而犯法。显然，即使在此优等的新起「民主国家」，仍然存有「权力大于法律」、「有权即可任我行」，甚至于「变成青蛙就笑蝌蚪」的封建痼疾。这充分说明，「真民主」的法治观念，在这些「民主国家」尚未扎根，专横的思想与积习仍然健在。因此，如何让全国官民，无分上下，都能培育出「遵法守纪、依法治国」的习性与风气，实为有心追寻民主法治者的首要课题。

# 第二章：
# 看西方从神术至学术，正视自家的「The Law of Chinese」

## 第一节：视西方为一体，细谈黑格尔评「论语」

前面已大致说明西方法律源自基督教律法与十二表法的渊源。西方人在法律方面的成就，能够胜过古罗马、东方正教地区、回教世界，并非因其宗教的神启，其成功关键仅在于抛弃宗教迷信，力行律法（the Law）中的道德信念。

中国文化下的人在研习西方法律文化方面，除了先天的文化鸿沟外，还有一些无形障碍。例如：西方学者，尤其许多新教的学者，承袭先祖之余荫，自早就浸润在文明先进的成就之中，习于自满，并把西方一系列的历史文化，隐恶扬善，夸夸其谈，说的一片完美，直令不知其详者，照单全收。在此背景下，很容易让那些急欲学习西方之长的人，难辨真假好坏而迷失焦点。

就以西方学者盛赞为西方文化之源的希腊罗马，若他们

的「法律」真的如此美好，公平充塞、正义凛然，怎会持续动乱不已，终至亡国？别忘记，西方蛮邦自六世纪起，先接受基督教的开化，并视基督教义为唯一知识；在文艺复兴之前，这些蛮邦人只听教会说：希腊罗马时代，充斥邪教陋俗，人民陷在无可救赎的深渊；而罗马帝国更是烧杀基督徒的首恶元凶。因此，无论是开化或教化方面，不可否认，仍是基督教的律法，对西方的进化提供最多的贡献。

再以久享盛名的德国法律而言，各家书本处处有意或无意的显示：上袭罗马查士丁尼法典，下安德国百姓，人人称颂其德。当然，日耳曼或西方学者表扬其文化特质，自是无可厚非，但外人，尤其是想要学习西方文化精髓，蔚为己用者（包括中国），实应仔细推敲过滤，弃其糟糠、择优而用，却非照单全收。西方人的药包里，并非全是仙丹灵药，何况照单全收的方式，并不符合西方人主张学术应有独立思考之特质。

德国境内的巴伐利亚，早在 1756 年，就曾仿照查士丁尼法典，订立巴伐利亚民法（Codex Maximilisneus Bavaricus civilis；普鲁士也曾早在 1794 年，订立 Prussian Civil Code）。此举的确属于改革当代法制缺失、开创新局之举，值得外人钦佩与仿校。但也别忘记，巴伐利亚就在百余年前（1611 年）也曾订出：巴伐利亚女巫处置法（英文：Barvarian Witchcraft Law）；更别忘记神圣罗马帝国皇帝，查理五世，于 1530 年，在 Augusburg 所批准的重罪处置法（Constitutio Criminalis Carolina，或简称：Lex Carolina，1532 年颁行），

这些「法律」的前言，都是堂皇引用上帝之名所订的保民大法，但实际上却是合法烧杀无辜无助贫苦无依的年老妇女，毫无人性，令人发指。据非正式统计，遭害的老妇多达两万余人。当代西方，在那些「爱」字不离口的基督教社会里，明目违「法」－the Law，烧杀臣民的现象，并不希奇。北美殖民地那些上帝的选民，甚至自视「上帝授权」的苏格兰及英格兰国王，詹姆士，都曾诬指无辜老妇为女巫而无情的烧杀。就连新教的神学首席泰斗，喀尔文（John Calvin；1509-64），都不能免俗，对异己者无情处置。显然，光只是信奉基督，却未实行其言，是不够的。

事实上，今日号称公平正义的西方法律，在十八世纪之前，并不会比东方正教国家、回教世界，或中国，高明到那里去，甚至不如。试问，中国可曾明文颁下法令，却明目曲解法令，随兴烧杀臣民？相形之下，明成祖抄家灭族方孝儒，实属小巫见大巫，难以高攀。但不同的则是后来的百余年之间，西方社会在律法道德的浅移默化，以及启蒙者（如 Philipp Spener、洛克，等人物）的理性启蒙下，社会思潮及人心逐渐回归人性与理性，让那些蛮邦人从陋习劣俗，脱胎换骨，快速升入文明之境，还造出万邦来朝、竞相仿习的「上国衣冠文物」。中国古人说：「百年树人」的道理就是如此；又说：「将相本无种，男儿当自强」，若把「将相」改为「上国」，更是贴切。由此看来，「蛮邦」与「上国」仅为一线之隔、半步之遥，若有心跨越，并不困难，难在人心意志。这也是前面所说：「西方蛮邦，能；外邦，也能」的

实质真义。

今为西方先进的三个蛮邦，盎格鲁撒克逊、法兰克、日耳曼，虽然分别发展为许多国家，政体不尽相同、法律各异，但其历史文化都是「祖述上帝基督、宪章希腊罗马，一脉相承，同声相应，互相影响」，实为一个整体的文化体系，难以分割。故在此特将西方三个蛮邦视为一体，并与中国作一比较，既不盲捧、亦不恶贬，只盼如何让「法律」这个「洋玩意儿」能在中国社会足以自行，造出西方式的「法治」而结出正果，却不是像那些只重选举的「亚非式民主」而自得。

我们已经知道，西方说的 Law，其原意实为：上帝的训示，或上帝订下的行事准则与道德规矩，在此且统称之为「古训」，或「训言」。当国人看了这些「古训」之后，自会发现中国也有同样的「古训」。只是中国的古训是「人」说的训言，这些人称为：圣人，或古圣先贤。

孔孟四书是中国古训来源最多的古书，其中最通行的就是论语。曾有古人说，半部论语可以治天下；这和西方教士宣称，一部圣经拯救众生，双方的说词，异曲同工。从此即可看出论语，或四书，在中国的地位与重要性；可以说是为人处世、为官治世的宝典。这部四书既是圣人（或先知、先觉），孔孟的训言，自应等于中国的「圣书」。所以，四书中孔孟的训言，同等于西方圣经里的 Law，或 Torah。若用英文来表达，自然就是：the Law of Chinese 或 Chinese Torah。

德国大哲学家，黑格尔（Georg WF Hegel；1779-1831），

曾对「论语」表达过意见。他认为孔子的言论只是任何民族都有的常识性道德训言而已；还更明白的说：这本书缺乏有系统的思想论述、亦无逻辑理性的辩证。他甚至还说，中国只有改朝换代，没有真正的历史。当然，他是西方大哲，对任何事物都可依其学术良知加以评论。在他的评论中，如有对的，自是值得中国虚心自我研讨，作为改进的参考；但若有不合情理的评断，中国士人实应提出合理的辩证，一方面可以正学术，另方面还可在辩证的过程中，找到改进的良方。因此，让我们在此用心检视一下黑格尔的评语，以及西方知识阶层推动西方文明的过程。

现在请大家试读本书后半部精选的律法训言，一读即知，其实和论语的训言同样皆属：常识性的道德训言，而且论述都是缺乏系统、亦缺逻辑，甚且矛盾。若从负面而言，不过都是半斤八两而已！差别在于后世西方人将其律法，不断阐述发扬，包括十三世纪的艾奎那，十七世纪之后的理性启蒙大师（包括：黑格尔），把「常识性、又缺逻辑」的律法，一路演进发扬，终于推展为体系完整、逻辑清晰、浩如烟海的学术，包括现代的「法律」，以及黑格尔的「哲学」。在当代学术环境下的黑格尔，放言批论三千余年前孔子的言论，犹如今日大学的物理教授，放言评论牛顿的力学，还不如大学一年级的物理程度。这种推论实在不合逻辑，更欠公允。

今无意也无力介入争端，只想说明西方就是靠众多醒世学者，包括：黑格尔，将神性的律法，循着博学、审问、慎

思、明辨（或：明辩，更佳）的过程，演进出现代学术和西方的法律，并打造出文明的法治社会，值得外人深思以及见贤思齐。

事实上，自文艺复兴以来，西方各种知识学术不断进步，互相影响，在交流激荡中，造成整体文化的全面提升；而「法律文明」只是其中的一部份而已。因此，若想充分了解西方法律的演进及真义，却只从「Law」单方面研习，那样会过于偏窄，见树不见林而失其全貌。因此，我们势需对西方学术思想及其演进，先有整性的认识，再转注于「Law」，才易于探索其真义。

故为充分认识西方学术思想，包括「Law」，的演进，特从基督教确立三位一体（Trinity）开始，直到大哲学家黑格尔的演进过程，在此作一简明的回顾，并将重点列于下表，借以观察西方的知识阶层，如何从定于一尊的神术，作出巨幅改变，从神性走向人性，终演变至现代学术的实况。此表仅列出造成思想巨大变革的人与事，同时列出同为基督教信仰的东方（如：俄罗斯、乌克兰），以及中国，所作出脱离传统思想的大幅变革，以供对照比较。

年表一

| 基督教世界（含西方与东方教会地区） | 中国 |

### B.C. 134 年，罢黜百家、独尊儒术

公元前134年，即汉武帝元光元年，董仲舒向武帝上奏「举贤良对策」，提出天人感应、三纲五常等，统治国家及百姓的思想，并主张：「罢黜百家、独尊儒术」。他极受武帝赞赏，其主张受武帝的支持与采用，并持续生根于中国，影响中国两千余年。

其实，他的「儒术」已渗入许多阴阳五行，天灾异象，皇权天命，很多地方已不同于孔子、孟子的言论（试读：敬鬼神而远之；未知生焉知死；民为贵、君为轻）。

### AD 381 年，禁止异教、独尊基督教信仰

公元 381年，罗马皇帝，狄奥多西（Theodosius, 379-95在位）在国都，康士坦丁堡（Constantinople），召开全国主教大会，修订康士坦丁大帝（Constantine the Great, 306-37在位）在325年所订立的 Creed of Nicea（信奉耶稣与上帝一体，即 of one substance with the Father; in one Lord Jesus Christ, True God of True God），再加上一位 Holy Spirit，成为三位一体（**Trinity**；即由原来的：We believe in one God, and in one Lord Jesus Christ, the Son of God, begotten of the Father, only begotten,

第二章：看西方从神术至学术，正视自家的「The Law of Chinese」　　045

that is, from the substance of the Father, God from God 增加一段新句：We believe in the Holy Spirit, the Lord and Lifegiver, who proceeds from the Father, who with the Father and Son is worshiped and glorified.）这则修订文的名称重新定名为：「**Nicene Creed**」。

当时的罗马帝国，尚有众多的异教，那些男女祭司奇招尽出，招徕信众，捐钱愈多，保佑愈大。狄奥多西为根绝异教陋俗，在 380 年下诏规定基督教为国教；再于 391 年，下诏禁止异教，帝国全境独尊基督教信仰，异教不是强迫关闭，就是改宗基督教。自此，这份皇帝修订后的 Nicene Creed（Father，Son，Holy Spirit，三位一体，Trinity）就成为基督徒坚不可动的基本信念。

### A.D. 476 年，西方的罗马帝国亡于西哥德人之手

西哥德蛮族首领 Odoacer 进兵罗马城，罢废西方罗马帝国的幼儿皇帝，自立为王。东方康士坦丁堡的罗马皇帝无力相助，至此，帝国西方与东方已不相棣属。西方帝国沦亡后，已无政治领导者，只有靠罗马教会维持社会秩序。

> **A.D. 590 年，罗马教宗格里高一世**
> **（Gregory the Great，590-604 在位）登位。**
> **此后，不断派教士前往盎格鲁撒克逊、**
> **法兰克、日耳曼蛮邦地区传教。**
>
> 　　为驯化北方蛮族，格里高一世及后世教宗不断派遣教士前往盎格鲁撒克逊（今之英格兰）、法兰克（今之法国）、日耳曼（今之德奥瑞）蛮邦传教。结果非常成功，分别受洗为基督徒。
>
> 　　至八世纪，位于法国北部，皈依基督教的蛮族，法兰克人，快速崛起，还成为「西方」的代表，他们即是中文所称的「佛朗机人」。后来，那些皈依基督教的蛮族人，盎格鲁撒克逊人与日耳曼人，也相继崛起。尤其在文艺复兴之后，快速发展，还成为文明先进及帝国主义。

> **A.D. 1054 年，西方与东方教会决裂**
>
> 　　由于西方的罗马教会（拉丁语区）与东方的康士坦丁堡教会（希腊语区，包括：希腊、小亚细亚）持续不睦。双方教会终在 1054 年决裂。拉丁西方与东方希腊政教权威体系从此不但绝交，且互相敌视（直迄近世）。

**年表二**

| ✝ 西方 | ☧ 东方 | ☯ 中国 |
|---|---|---|
| 主要指法兰克、盎格鲁撒克逊、日耳曼，这些蛮族所发展而出的国家。 | 指东方希腊语系的罗马帝国，及后续国家如：希腊、俄罗斯。 | 亦可包括整体东亚的韩国、日本、越南及琉球的文化圈。 |

### A.D. 90 ad 东汉学者，王充（约 27-97 ad）

　　发表「论衡」一书，批评前朝董仲舒及同期汉儒的学说，尤其对汉儒的神秘思想，阴阳五行，提出反对的意见。同时他对孔子的言论也表达不同的意见。

　　由于他的观念违反当代「儒家」及统治者的主流思想，自始就不受人重视，多只视为「奇书」。从此以后，直到民国，就没有人对儒家敢有不同的言论。

　　有趣的是他在书中表示：「命当贫贱，虽富之，犹逢祸患矣」；「昌衰兴废，皆天时也，贤君明政，无能损益」，显然他认为人完全受命运的支配。这与西方新教的喀尔文派，主张「命运天定」Predestination，有些巧合。

### 十一世纪起，学术融入基督教义

　　初期基督教和其他宗教一样，其教义都是神意天启，无需什么理由，不容质疑，信徒只要坚信神就够了。

　　基督教义的基础信念是 Trinity：耶稣基督是 Incarnation（人神合一）；耶稣的肉与血

转化为面包与酒；为何人有 sin；这些都是天启神意。

约十世纪左右，当时西方仍为愚昧无知的黑暗时代，回教世界尚属先进，希腊古哲，亚里士多德的学说从回教地区传入西方。这些从回教徒输入的先进「知识」，当代通称为 Arabica scientia（scientia 拉丁文原意为「知识」，如 scientiam Dei：上帝的知识；后来专指 science）。

十一世纪之后的基督学者教士（Scholar Clerks）不止于坚信，还想找出理由（reason）去解释经书中的奥秘神迹。他们爱用亚里士多德的学说来解释书中的天启神迹，并成为显学。他们将这些希腊古哲的思想，溶入基督教的神性教义，大幅提高基督教义的神学理论。这类学术后人通称为：Scholasticism。

1088年，在义大利的 Bologna，一群学者教士成立世界第一所 universitas，意为 universitas scholarium，即「学者社团、大学」，并受到教宗的加持。此后，这些「大学」的 Scholars 就成为 Scholasticism 学术的重心。

今简明列出三位重要人物：

# Anselm of Canterbury（1033-1109）：

他是著名的义大利教士，属柏拉图派，奉派至英格兰任肯特伯里大主教。他曾编一本著名的书：「Why God became man」，对耶稣的人神合体作出解释。他认为人可运用逻辑理性（Logical reasoning）的思考方式，去解说神秘的神迹天启，特别是 Incarnation 等神

迹。他还详为解释：人因为有 Sin 而负「债」（Debt）于上帝。他一直试图「依理」解释教义中的神迹；他倡言的的「逻辑、理性」观念，影响后世至深。

# Peter Abelard（1079-1142）：

他是法国的天才儿童，知识渊博、能言善辩，从不输人。他爱据理（reasoning）说到对手无言以对。这种方式，自然得罪很多大人物。他不谈宗教的神奥天启，爱依「道理」解说教义。他称其学术为「爱－智慧、知识」（Philo-Sophia），他本人自是「philosopher」。他写出一本书：「Yes and No」，把重要且具争议的神学问题，共 158 则，做出辩解。他认为辩证不能只是引用权威的话，必须找出合理的缘由，作出合理的解说（to find ways to reconcile apparently contradictory authorities quoted to be correct），简言之，就是找出理由，自圆其说。

# Thomas Aquinas（1225-74）：

他属道明修士会（Dominican Order），在巴黎大学研习 Scholasticism 相关的神学，成为著名学者。后来受命为教宗的亲信秘书，成为基督教义的权威。他综合前人思想，宣称上帝及基督教义，都是理性及逻辑，影响后世极深。

当代的学者教士热衷将亚里士多德的学说引入基督教义；他则集其大成，奠定罗马教会的神学理论基础。他是位承先启后，影响力最大的基督教学者。其事迹在前文已有介诏，不另赘述。

## 文艺复兴（Renaissance）

古时基督教罗马帝国时代，无论是西方拉丁帝国或东方希腊帝国，都是政教高压，连圣母圣婴的宗教画像都有规格，严肃枯燥。自 476 年，西方帝国沦亡；后于 751 年，东方罗马帝国在西方最后一座孤城，Ravenna，被仑巴底人攻克之后，东方希腊式的政教专制再也不能管控西方，于是西方各地城邦遂能自立自主。

由于北义大利商业繁盛，城邦的城主有极大的自主权力，思想行为可以自由发展；从绘画，就可窥知其自由开放的程度，例如 1400 年，佛罗伦斯画家及作家 Cennino Cennini 盛赞百年前的创新画家 Giotto Di Bondone（1270-1337）：translated the painting from Greek into Latin, and made it modern（将绘画从希腊式转变为拉丁式，并打造出现代化）。由此可见当代西方人对东方希腊政教僵硬高压体制的不屑。再看一下文艺复兴大师拉斐尔（Raphel）所说的话：「I myself turn to an ideal which I am **able to create** in **my own imagination**」。

上述说法充分表示：西方人已脱离希腊式的政教高压钳制，并转变为拉丁人的自由奔放，再也不受教条的拘束，可以发挥自己的想像力，创造自己的作品。这种拥有大幅自由创作的空间，造成文艺复兴的温床，让各方人才蜂拥而出。至于文艺复兴的故事，已无需在此赘述，仅列出代表性的人物佩脱拉克：

# Francesco Petrarch（佩脱拉克，1304-74）：

他是著名的文艺复兴巨匠，在此不必赘述。在当代，这种由神性转向俗世人性的现象，多称之为：studia humanistis（humanistic studies），十九世纪才统称之为 Humanism。

## 教士评击教会的腐败

由于罗马教会及教宗的腐败，长久以来受人诟病。自文艺复兴期间起，知识阶层（都是基督教学者教士）基于基督教义，不断发出不满之声。今列出最有名者之一。

# John Wycliffe（1330-84）：

他是英国牛津大学的教师，也是王室的家庭教师。他在1370年代，公开评击教会及教士的腐败及财富，这样的教会不但得不到上帝的恩宠（Grace），连权威都会遭上帝撤销。如此猛烈评击教会，尚是有史以来第一次。不止于批评，他还宣称，教义的根据应在于圣经，人人都可自读圣经而习得真义，并非只靠教会的解说；他还认为面包与酒并没有实际转化为耶稣的肉与血，只是象征性而已。他这种革命性的言论，已在颠覆教会的根本。幸好英王 Edward III 与教宗一向不睦，故能幸免于难。但他依理反对罗马教会的事迹，迅速传遍英国，还远至欧陆的布拉格。他对基督教义的见解与反抗教会的精神，对后世产生极大的影响。

**1368 年**

朱元璋推翻蒙古的元朝统治者，建立明朝，定都南京。

**人文思潮（Humanism）**

「Humanism」是十九世纪学者将文艺复兴以来，学术思想从神性转至人性方面的思潮。西方在十一世纪前的黑暗无知时代，知识就是基督教义；基督教义就是知识，人人言必称上帝，日夜祈祷但求得救。唯自文艺复兴起，出现自由开放的风潮，知识阶层（都是基督徒）日渐脱离宗教僵硬的教条，转而注重非神性，但与人性有关的知识，质言之，就是注重 liberal arts，包括：文学、艺术、处世道德等人世间的知识。最早最知名的学者就是义大利文学家：但丁（Dante Alighieri；1265-1321）。

在1450年代期间，德国一位金匠，Johann Gutenberg，发展出活字排版印刷术（西方使用字母，可以运用活字来排版印书）。至1517年，德国已发展出可以量产的印刷机。此时，文化传播已升至划时代的新境界，极有助于人文思潮及日后宗教改革的发展。

今再简介另一著名且具影响力的基督教学者：

# Desiderius Eramus，
或 **Eramus of Rotterdam**（1466-1536）：

　　他是荷兰的人文大师，编出许多文学作品。他认为，寻得教义所说的「公义」（righteousness）远比严格的教条重要。宗教仪式固然重要，但更要重视宗教仪式的内在含意。他为求真，不畏教会严规，于1516年，将希腊正版的新约圣经，译为拉丁文，并期望译成多种语言，好让教徒更易了解其真意及内涵。这种观念在当代让人耳目一新，加上印刷机的现世，让他的思想广为传播，播出宗教改革的种子。

### #1453 年

　　土耳其回教苏丹的大军，终于攻克康士坦丁堡。东方的罗马帝国终遭灭亡。但其教会及大主教，在苏丹的掌控下，尚能委曲求存。唯大批希腊东正教士逃至乌克兰的基辅与西方。至基辅的教士最后又转至莫斯科。在沙皇运作下，让莫斯科自视为希腊（指东方罗马帝国）东方正教会的正统后继者。

### 宗教改革（Reformation）

**#1517年**

　　德人教士马丁路德（1483-1546）拟以赦罪券为辩论议题（Ninety Five Theses），召开一场反对赦罪券的辩论会，却惊动了教宗 Leo X，引起惊天动地、死人无数的宗教改革。详

情已无需在此赘述。

他为反抗教会，编写很多辩证的书籍，他每本书都是畅销书。他的论述及思想，尤其在德语区，造出极大的影响。

这时期，新旧教派不断文争武斗。为在文争方面占上风，双方纷纷设立学校（特别是耶稣会，在各地普设「大学」）。这对西方人知识水平的提升，有很大的贡献。

**# John Calvin（喀尔文，1509-1564）：**

１５３６年，他发表影响深远的论述：Institutes of the Christian Religion，为新教树立了信仰基础。这个分离思想自遭教会厉声斥责。他还于 1559 年，在瑞士的日内瓦设立 Academy of Geneva，传播新教信仰。大量英国教士在此留学，后来回英，成为新教女王，伊利莎白，强大的支持团队，让英国成为举足轻重的新教国家。

他的新教思想非常异于传统，谨列下列两项参考：

1. 命运天定（Predestination）：人的命运早已被上帝决定，人本身无法改变；
2. 人没有 Free Will（中文有译：自由意志）｛注：请勿用中文去解释此宗教概念，这是人头落地的争论｝；只有上帝才有。

喀尔文的思想对世界影响至深，包括英国清教徒开拓北美殖民地。

**#1571年**，英国新教女王，伊利莎白，签署并发布由国会通过的「**39 Articles of the Church of England**」（可译为：39条信仰法规）：

这法规是基于喀尔文的新教思想，以及各新教派的论述，集其精要而成的法规，可视为西方新教徒的基本信念。仅列举数项的大意如下：

- 第7项：英国所有信徒都必须遵奉旧约与新约中的诫律（**Commandments**），这些诫律就是道德（**Moral**）。
- 第10项：上帝的主宰下，人没有Free-Will。
- 第17项：Predestination to Life is …… of God（命运早已天定）。只有上帝的「选民」（Election；注：当然是指那些新教坚信人士）才能获得救赎。
- 第24项：可用信徒普遍懂的英语，讲道（a Tongue as the people understandeth）。注：这是革命性的观念与行为（许多罗马教会信众还认为，上帝讲拉丁文！）
- 第32项：**教士可以结婚**（这也具革命性言论；因圣经没说教士不能结婚，且使徒彼得就有妻室）。
- 第35项：**教化民众－Homilies**：诸如：保持教堂清洁、做善事、不大吃大喝、衣着朴素、救济贫穷、重视婚姻生活、反躬自省、不可怠惰、不可叛逆，等事宜。

# Philipp J. Spener（1634-1705）：

他的事迹已如前述。他推行研究教义，重视自律修身，力行耶稣言行。他的名言就是：知道教义并不足够，教义的真谛就是起而行之，

---

1648 年英国清教徒击败偏向罗马教会的英王，查理一世（Charles 1，1625-49 在位），并于次年处死。自此，英国成为实质的新教国家。（所谓「清教徒」实为英国国教会较激进的信徒，包括那些志在清除罗马教会一切余迹；其他信徒遂讽刺这些激进者为 Puritans。）

---

### 1644 年

明朝亡于李自成，旋及亡于满清，剃发留辫，可谓：一姓有恶，兆民受之。

---

### The Enlightenment & Age of Reason（Rationalism）启蒙时代与理性思潮

经文艺复兴与宗教改革后，宗教的钳制已大为减少，知识阶层对宗教神启的兴趣也大为减少；但对知识的追寻却极感兴趣，蔚为风潮。仅列数位影响后世至深之启蒙者。

# Rene Descartes（笛卡尔，1596-1650）

他受教于法国的耶稣会学校，是著名的数学家。他虽是虔敬的罗马天主教信徒，但认为一切事务都可依理性分析、思考而找出缘由。这观念和 Thomas Aquinas 不同（在其 Summa 表示，人虽可依上帝知识的启发，用 reason 去解决问题，但很多问题 beyond human reason，只有靠神启-divine revelation）。

自此，西方盛行 Cartesianism（笛卡尔理性思想），蔚然成风。自此，Aquinas 式的 Scholasticism 至此式微，从此之后 Cartesianism 的理性主义崭露头角。

# Gottfried Leibniz（来布尼兹，1646-1716）

中国人对他应很熟悉，他是鼎鼎大名的数学家（微积分），对中国的八卦，能由连（—）与断（- -）做出各种组合，极感兴趣（对比电脑 0，1 概念）。他虽也是虔敬的路德派新教徒，却认为一切事务都可依理性分析思考而寻得答案。

说完这两位欧陆的理性主义代表者之后，实应列出另两位英国思想家，作为参考：

# John Locke（1632-1704）洛克 vs. Thomas Hobbes（1588-1679）哈布斯

洛克是与笛卡尔齐名的哲人，受称为 Empiricism（实证学派）。他是虔敬的新教徒，却不迷信那些神秘天启之事。在他所编的 An Essay on Religious 以及 The Reasonableness of Christianity 两本书中，盛赞基督教至好，

并与自由（Liberty）、理性（Reason）相容不悖。他极力反对查理一世的专制，主张自由。他认为，人靠上帝赋予的才智，可以做出正确的决策，完成使命。显然，这是基于「性本善」的观念而来。对这些善良的公民，政府要制定公正的法律，以保障人民的生命、自由、财产等天赋权利。

他的理想启发西方政体的改变（包括：美国、法国及德国1848年的革命）。他在西方备受推崇。

与他对比的人是Thomas Hobbes。他在1651年曾出版一本著名的寓言书：Leviathan，让他声名大噪。

他认为，人性原本自私、卑劣、好斗、缺少见识又不守纪律，易言之，就是「性本恶」。对这样的人民，应把统治权力交给一个可靠、有才智且有权威的人，制定良法，指导人民遵行法规，让法律与秩序呈现于世，以维持社会的安定与繁荣，促进人民幸福。这正像：民主vs.专政，谁是谁非？有待证明。

#1629 年

康士坦丁堡大主教，Patriarch Cyril Lucarius 发表其教义观：Confession Faith。唯其内容与新教的喀尔文思想相近，立遭反对，不但被迫下台，且迅遭谋杀。此后更无人敢于表达不同意见。

第二章：看西方从神术至学术，正视自家的「The Law of Chinese」　059

## 十八世纪,不谈神性的理性时代

十八世纪的西方学者(如前述学者)虽倡言以理性论事,但仍是虔敬的基督徒。

唯在十八世纪末期,进入十九世纪时,情况发生变化。由于教育普遍、学术开放,知识阶层皆爱以理性标榜,并视宗教为迷信落伍之事。即使论及基督教,认为应重视耶稣言行及道德训示,却非那些神迹迷信。加上当代西方商业的繁荣,更助长这些现象。很多知识阶层,包括大科学家,牛顿,都脱离基督教神性思维,通称为 Deism(可译为:自然神论)。

今仅列举代表性人物如下:

# Montesquieu(孟德斯鸠,1689~1755):

他出身于法国波尔多(Bordeux)酒乡的良好家庭,并在当地大学修习法律。他最著名,也是影响西方政体至深的学说就是1750年,在其名著:The Spirit of Laws,提出三权分立的理念(Separation of powers: the legislative, executive, and judicial functions)。美国政体就是依其理念而建立。若说他是西方民主法治政体之父,亦不为过。

# Voltaire(伏尔泰,1694-1778):

这位法国大文豪、大思想家实已无需在此叙说。即使他出自耶稣会学校,仍然公开严词评击天主教会。他曾说:我相信有神,但不是那神秘不可测,神职者所说的神,而是山川、宇宙,大自然的创造者。

# Jean-Jacques Rousseau（庐梭，1712-1778）：

他是 Geneva 一位钟匠之子，并未受过良好的学校教育，故他虽在喀尔文派重镇长大，宗教意识不强（这与其他大哲的背景大不相同）。他于 1762 年出版《Social Contract》，是西方民主、自由及议会的根源。他主张自由、平等，人有善良本性；这与基督教会认为人有「Sin」，大异其趣。此书出版后，就受教会及保守派评击而被迫离开法国。他几乎和当代知名学者，包括：伏尔泰，David Hume，都曾交恶。他应属天才型浪子；还有人认为他的为人与其言论不甚相符。

# 美国总统 Thomas Jefferson，1743-1826）：

他和弗兰克林在编写独立宣言时，就不使用「神」，而以「Creator」代之。他为 Virginia 的州议员时，就立法坚持：all men shall be free to profess……their opinions on matters of religion（人可自由表达意见，不受宗教影响）。这自遭基督教保守派攻击。历经多年波折，终在 1786 年获得通过。使 Virginia 成为第一个立法保障信仰自由的政府。他还编一本名为「The Life and Morals of Jesus of Nazareth」的书。他去除福音书中，所有的神迹，只保留耶稣的道德言行，劝勉世人。美国独立革命时，英国嘲骂革命份子多是无神论者（非常恶意之贬词）、奴隶主，他就是其中之一。

在十八世纪末期，理性思潮充斥西方，但也引发一些反弹或更上层楼的思潮，尤其在艺术方面，特别凸显；最主要的就是 Romanticism,

认为人可发挥个人想像力及情感，展现特有的感情或激情。这种感情自然是主观的，却未必理性。德国的大画家：Caspar David Friedrich 就是其一。前述卢梭，后人也视为其中之一。

在当代还有一位著名的哲学家，David Hume（1711-76；苏格兰大哲）却认为，人不可能全然理性，亦无法全靠理性，并认为有些人借用误谬的理性思维去解说自己的错误。他的思想与其他思想家（包括卢梭）深深影响另一位著名的德国大思想家，康德。

# Immanuel Kant（康德，1724-1804）：

他认为，只有人类在世间能够感知的事务，都可以用理性去分析；但在感觉之外的事务，包括：上帝，就不是靠理性思维即可解答之事。他不谈基督教的神迹天启，却认为基督教最好，并可导至道德生活。

现在谈到主题人物，德国最知名、影响力最大的哲学家，黑格尔：

# Georg WF Hegel（黑格尔；1770-1831）：

他毕业于 Tuebingen 的路德派大学（大科学家 Kepler 曾上的大学）神学院，并为合格的路德派教士。

他深受康德的影响，但并不全然赞同康德的学说（不同于中国传统的「师承」观念）。康德重视基督教的道德层次，这也是同期哲人的主流观念。但黑格尔则认为不止于道德；他借其 dialectical（辩证）方式解说世间的事物皆依照一种：分（separation）、合（union）的规律（rhythms）在运行。例如：

依基督教义，世人因「sin」而与上帝分离；却由于「redemption」而与上帝合一（reconciliation）。这位路德新教学者用一个「absolute spirit」来代表 the God。这 union 还可用以解说教義中的 incarnation（耶稣的人神合一）、Trinity。就思想观念而言，「人」和「absolute spirit」终可「union」（注：试读：Kingdom of God is within you. 见 Luke 17:21）。

他以其深厚的新教神学背景，以及周延的论述，让他的学说立即受到西方知识份子的欢迎而声名大燥。

谨以西方大哲，黑格尔，作为讨论的终点。

#### #1911 年辛亥革命

推翻满清帝制，建立民国。

#### #1915 年新文化运动。

对中国传统文化及思想，造出巨大改变。
- 改用白话文
- 倡言：打倒孔家店，大事反孔，痛责「吃人的礼教」
- 积极推崇：德先生（Democracy）与赛先生（Science）

从表中的人物，例如：笛卡尔、黑格尔，我们就可以知道，西方知识学术的革旧创新并非依靠帝王高官的英明指点，更非教会的神启天恩，而是民间知识阶层历经多方研习、质疑、讨论、辩证，所寻得的新知。在当代西方的环境下，民间知识人才纷纷浮现，个个奋翼争鸣，不断开创新知，后浪推前浪，迅速超越其他陷于文化停顿的古国，成为世界的文明先进。

再从表中的故事，包括：黑格尔、康德的学术知识，孟德斯鸠、卢梭的法治民主，就可以知道，那些原是西方的蛮族人，经过基督教的开化，义大利的文艺复兴，再以基督教义中的律法道德、耶稣言行，与罗马教会抗争，然后脱离神迹迷信，改而注重人性，并以理性论事。他们历经千年的学习、摸索的历练，才把神性充塞的「Law」（宗教神性的律法）转变成安定社会的「Law」（人间的法律），并发展出现代的学术知识。显然，「德先生、赛先生」不会凭空而出，亦非垂手可得，皆需经过学习、探索，辩证的历程，才会成功。

中国自董仲舒独尊儒家以来，只有王充一人敢对董仲舒的「儒术」及阴阳迷信等不合理之处，提出反驳。其后，从来没人敢对皇权支持的「儒家」，或支撑皇权的「儒家」，有任何「审问、辩证」之举。加上古时中国文化高于四邻，缺乏文化上的交流与激荡，致思想学术难以改革创新。因此，历代学术领袖只有顺势推崇儒家学术一途。这现象直到辛亥革命，接触西方文明之后，才有人提出巨大的改变，包括革命性的：使用白话文，甚至于打倒孔家店。

今为参考计，特将中国历代著名、且具代表性学问家之事迹，略为例举如下：

- 自董仲舒（公元前179-104）独尊儒家、却倡言阴阳五行、天灾异象以来，只有东汉时的王充（27-97），对当代儒术的阴阳迷信大加批驳。可惜他逆犯主流，其思想后继无人。
- 唐朝虽有「文起八代之衰」的韩愈（768-824），反对重形式的骈偶文风，主张复古朴实，可惜后世没有继承其志的创新学术。更可惜的是他的尊儒反佛、破除迷信之行动，还触犯宪宗皇帝，受处以死罪。后来虽免于一死，却遭贬至潮州。
- 宋朝的朱熹（1130-1200）确把儒学发扬至高峰，他的四书章句迄今仍受喜爱中国古文化者所阅读；但他终因得罪权官及皇上，而以「伪学」欺世而遭罢职返家，终生不得为官，还让他在恐惧阴影中过世。他过世后，不但其「伪学」因群臣党派相争而暂时受挫，加上宋朝亡于蒙古，更是缺乏承先启后的继承者，学术中断。
- 明朝的王守仁（1472-1529），就是大家熟知的阳明先生。他的「阳明学说」，突破朱熹的「格物致知」，倡言「致良知」，强调「知行合一」。他的学说通称「阳明学派」，普受后世学者（甚至日本、韩国）所敬仰。他的仕途尚称平顺，早期却因冒犯宦官刘谨，即被挺杖（在朝廷当场打屁股）四十大板。明朝的知

识阶层普受昏君与奸宦的压制（試看名臣張居正死後下場），实难在学术上有所突破创新，但阳明先生能在这种环境下，开创出如此成就，实在难能可贵。阳明先生之后，尚无人继其志向，将其学说发扬光大、更上层楼。更不幸的是他过世百余年后，明朝终在1644年，痛遭灭亡。

从前述中国古代学术大师看来，全都是朝廷高官，这方面与西方思想学术泰斗全部来自民间，大不相同。来自民间的学者在发表意见时，显然较那些在朝为官的学者，有较大的挥洒空间，不受朝廷、官职的牵挂。试看，当王充著书批责董仲舒的阴阳五行思想时，他并未在朝任官，而是居家著述，故敢成一家之言。

中国长期存有科举为官的体制。读书人为能晋身社会上层，都在苦读死记古书，但求通过科举为官。在此背景下，中国的读书人虽能背诵中庸的名句：「博学之、审问之、慎思之、明辨之、笃行之」，但为通过考官的考核，只有照书记诵，不敢真的去「审问、慎思、明辨」书中的言论，更无闲暇去"笃行之"了。

现在让我们温习一下宋朝大学问家，朱熹，倡言的「格物致知，即物穷理」，他说：

> 是以大学始教，必使学者即凡天下之物，莫不因其已

知之理而益穷之，以求致乎其极，至于用力之久，而一旦豁然贯通焉，则众物之表里精粗无不到，此为知之至也。

可惜这些至理真言，在宋，明两朝的读书人，个个倒背如流，但没人愿「即凡天下之物」而去「笃行」那些「即物穷理」之事了。其道理也很简单，若真去费时费事去笃行「即物穷理」之圣训，科举考试恐难过关。即使有人真想笃行，也仍得先去苦读强记古书，等通过考试，中举为官之后再说吧！

那么，中庸说的求知之道，以及朱熹讲的即物穷理，到底有没有道理？有没有用呢？让我们私底下先窥视一下答案：不但很有道理、而且实用！

试看那些西方蛮邦的知识阶层，包括：Philipp Spener、笛卡尔、来布尼兹、洛克、卢梭、康德、黑格尔，他们都是多方学习、师从多门，择其精华、蔚为己用。他们与诸师友，以及不同意见的学者，经过研讨（慎思）、质疑（审问）、辩证（明辨）的方式去「即物穷理」，追寻无尽的知识，最后终于豁然贯通其理，分别成为独树一家之言，启发后世，也就是「知之至也」。由此观之，古书中庸及朱熹说的求知方法，的确极有道理而且实用。我们亦可幽默的说：「中学西用，西蛮崛起」。

不止于此，中国早有「师承」的观念，甚至于「非先王

之法言，不敢道；非先王之德行，不敢行」。但在西方的学习文化里，学生的表现理应超越老师，学术才会进步，值得赞扬。因此，他们的：「师」，在观念上，实属：三人行，必有我师的「师」，而非：天地君亲师，圣严高伟、不可潜越冒犯的「师」。试问，在中国社会，可有人敢于「审问」先贤的学说？反观西方，黑格尔虽然敬重前辈康德，但论及学术，却能著书「审问」康德学说的弱点，但仍受敬重。若问孰是孰非，不妨细思一则中国古训，也是 the Law of Chinese：「当仁不让」之真义。

在此中西有别的背景下，西方自文艺复兴起，一路成长，成为世界文明先驱；而同期的明朝，不但皇帝多是专横、淫乱、昏庸、迷信，且任令宦官当道，知识阶层备受小人挤压，公义尽失，朝政日益败坏，终至亡国。西兴中落，自是无奈的结局。

在看过中西差异及起落后，我们可从中找出兴衰的线索与结论，作为「师夷之长」的参考。为求简明而易懂，特将西方文化的革新演进过程，再度浓缩如下：

- 第四世纪，罗马皇帝订基督教为国教，禁止异教信仰。遵奉：Father（上帝）、Son（耶稣基督）、Holy Spirit 为三位一体（Trinity）。这情景堪称：权力超过信仰。
- 六世纪末、七世纪初，教宗格里高开始派教士前往盎格鲁撒克逊、法兰克、日耳曼蛮族地区传教，期能感

化这些蛮邦人成为基督徒，结果非常成功。

- 十一世纪起，基督教的学者教士引用希腊古哲思想解释教义中的神秘天启。他们认为基督教义深含「理性」（reason; ratio / La.），还爱研究非神性的「智慧、知识」，并发展出「爱－智慧知识」（philo-sophia; 中译：哲学）的学术风潮，后世称此学术为：Scholasticism。Thomas Aquinas（1225-74）为承先启后、最具代表性的学者教士，影响后世至深。
- 十四世纪起，文艺复兴（……from Greek into Latin, and made it modern; I'm able to create in my own imagination）。
- 十六世纪起，宗教改革。新教徒重视教义中的道德训示，并以圣经的律法道德、耶稣言行与教会抗争。
- 十七世纪起，理性启蒙之初期（如：笛卡尔，主张理性，不谈宗教迷信，脱离 Scholasticism 的思维，却仍具有虔敬的基督教信仰）。
- 十八世纪起，理性当道，神性式微，当代哲人学者，如：伏尔泰、杰弗逊，只重视基督教的道德信念，多不认同基督教会的天启神迹及迷信。
- 十九世纪，各派思想学说争鸣（例如：Romanticism）。本对照表以大哲学家，黑格尔作为讨论分析的终点。

**在温习西方蛮邦快速掘起的过程后，让我们先比较一下西方与东方的差异：**

自1054年，东西双方决裂以来，西方的思想文化频频开

创新局，不断发生巨大改革。但东方几乎停顿，没有改变。好不容易，到了1629年（此时，东方的罗马帝国已遭土耳其所灭），总算有一位康士坦丁堡的大主教，Patriarch Cyril Lucarius，发表一份改进的教义观：Confession Faith。唯其内容与新教的喀尔文思想相近，对一向仇视西方的希腊东方教会来说，简直就是：里通国外、叛教通敌，立遭强力反对，不但被迫下台，且迅遭谋杀。

看来这些东方的希腊教士，即使在亡国之后、屈居于回教统治者之下，仍然一如以往，勇于内斗。他们善于结派相争、阴谋暗算的劣根性，在此事件中，表露无遗。若有人不懂什么是「sin」，看这些教士的行径自然就知道了。自此，东方基督教世界再也无人敢于提出任何革新的学说与观念。至此，除了诵经、祷告、仪式外，还是诵经、祷告、仪式。这故事也说明，同为基督教信仰，为何「西方蛮邦人」，能；而「东方罗马古国」，不能，的根本原因。

其次，让我们再将西方与中国作一比较，并从下列三方面来讨论：

1. 西方新教派虽极力反抗罗马教会，却重视圣经的律法道德；这与1915年中国新文化运动时，倡言反对孔孟、打倒孔家店，大不相同。

    在宗教改革期间，那些新教派虽然反抗罗马教会，却仍以基督教义，圣经中的律法道德、耶稣言行，大力评击罗马教会累积千年的积习陋俗，以及违反「律法」

的恶行。易言之，这些反抗罗马教会的新教份子，并没把基督教的根基－圣经的律法道德、耶稣言行，一并丢弃；反而重视律法中的道德信念，还以圣经的律法作为立国的根基（如前述的 39 条信仰法规，北美殖民地的「法律」）。

然而中国在推翻帝制，建立民国之后的新文化运动时，很多改革行动，例如：推行白话文，解放妇女缠足，的确是顺应时代潮流的改革；但有些倡议，特别是：打倒孔家店、去除孔孟，则颇值商榷。当代改革人物实不应在追求西方现代化之际，竟连中国文化的根基，孔孟及其言论，不分青红皂白，急欲连根拔除。这和西方的宗教改革过程，背道而驰，大相迳庭。

面对如此背景，先让我们回顾一段极具启示性的犹太历史如后，非常值得中国文化下的知识阶层静心一读：

注：著名的大卫王（King David）是统一以色列十二族人的国王。过世后，由其子，所罗门王继位，国势极盛。他过世后（922 BC），国家分裂为南北两国，北方十部族为以色列王国，南方犹太二部族为犹太王国。721BC，北朝亡于亚述人，十族人悉遭掳走，不知去向；597BC，巴比伦王灭犹太王，另立其弟，但迅即谋反，巴比伦再于587BC，攻克耶路撒冷。

公元前 587 年，犹太王国再遭巴比伦攻灭，臣民几乎全遭掳至巴比伦。至此，以色列之祖先，雅各（Jacob，后改名为：Isreal，意为与神摔角者）十二个儿子后代（分成十二部族）所建的国家，至此结束。很多战败沦亡的以色列人，怀疑他们信奉的唯一真主－上帝，其法力不如外邦的大神，故而遭灭，因此而改宗异教。但被掳至巴比伦的这群人中，却有很多人认为是自己族人的信仰不够坚定，且经常违背上帝的诫律（the Law）所导至的恶果。所以这些流亡者认为，不要盲目改奉外邦异神，只要回归自己上帝的信仰，严格遵守其训示（the Law），总有一天上帝会让他们返回家园。当时，一起被掳的祭司，也是先知，以西结（Ezekiel）更是鼓励流放者坚守自己的固有信仰，服膺上帝的训示，并把历史传统、上帝赐下的诫律（Torah，or the Law）整理成书，这就是早期实体的希伯来经书（后成为基督教与回教的教义基础）。他们坚定的信心，并无白费，公元前 539 年，波斯王，居鲁世二世（Cyrus II, the Great）灭巴比伦，并下诏允许犹太人悉数返乡。于是他们在波斯「万王之王」居鲁世的羽翼下，仍然保存原有的信仰与生活习惯，过着充分独立自主，不受外部干扰的自治状态。

现在问题来了，那些对自己固有文化失去信心，改奉所谓「法力较大」的异教大神（诸如：太阳、牛、或是人造的木雕泥塑神像），他们后来怎么样了呢？很不

幸，他们及后世连续被信奉另外「大神」的异教异族轮番征服统治，包括：希腊、罗马、阿拉伯，奥图曼，甚至西方蛮邦的帝国主义者。更讽刺的是这些中东地区的人，后来全体改奉基督教；当阿拉伯人崛起，全体又改奉回教。但无论是基督教或回教，他们反覆折腾，改宗改奉，最后他们后代所信奉的「神」，正是古犹太人原来所供奉的唯一真主，在基督教称之为 the God；回教则恭称为 Allah。若能早知自己原来的信仰这么好，还广受世人信奉，当年何必放弃自己的信仰、改信异邦的异教大神？！

　　古时犹太国人，无论对自己信仰有或没有信心，万万都没料到，他们口口声声呼唤及敬奉的「Adonai」（= My Lord；即英文的 The God，或回教的 Allah；中文的「上帝」），竟会被世界上绝大多数人所敬奉；而其上帝的训示，Torah or the Law，还被后世西方蛮邦人演进为维持社会安宁与秩序的社会规范－Law，并广受外邦所仿习，远播至世界各地。

　　现在又有问题浮现，在远古宗教迷信盛行的时代，犹太人祖先，希伯来人的信仰，能在上百种宗教中，一支独秀，广为接受，是否纯属机遇，有如霰弹枪打鸟，总有一粒打中？或是其信仰具有特殊优势，才足以异军突起？暂且不论科学，或有没有神的存在，纯以古代希伯来人的宗教信仰，与四周列国崇拜太阳、牛、木雕泥塑的神，作个比较，试看其信仰能广为流传，到底是随

第二章：看西方从神术至学术，正视自家的「The Law of Chinese」　　073

机幸运？或是有其特殊优势？才导至如此成就。

希伯来人对其独一无二的真主，主宰宇宙、创造世界，作出有条理的说明；尤其是依照上帝的模样，创造人类，由男人分出女人，再如何与子民订下盟约、诫律，要求子民遵守奉行；肯奉行其道德诫律者，自会受其主之关爱。但由于其子民的劣根，经常违背盟约而遭惩处。这些曲折缘由，解说生动，听之有理。而当代崇拜太阳、牛、雕像的「宗教」，只是敬拜某个「物体」，但求保佑自己，却没有一套自圆其说的「神学论述」。

若以今日眼光看来，太阳只是宇宙数万恒星中之一颗而已，且其光热终会消亡，成为白矮星，甚至爆炸而成红巨星雲；牛为人做苦工还被人吃；木材泥土被人砍切挤压，作成家具柴火供人踩坐烧饭，再挑出剩下的一块作个神像，供人祭拜；而祭司则宣称，这些太阳、牛、木雕泥塑的「神」，法力无边，会保佑人平安幸福而无灾。试问，那家的「神学论说」较占优势？

其实，双方的「神学论说」不论孰优孰劣，尚非重点，最重要的核心问题是希伯来人的「神」，或 the God，不断赐下为人处世的「训示」，即 Torah 或 the Law，作为社会生活及行事的准则（后世称为「道德」）诸如：不可杀人、不可偷盗、不可说谎、孝敬父母、友爱族人，诚信待人。就是这些含有精神层次的「道德训示」，让希伯来人的信仰，远优于那些敬拜太

阳、牛、手雕神像的神,而且具有放诸四海而皆准的存在价值。

　　暂且略窥一下希腊文化：公元前一世纪左右,希腊文化仍是地中海、中东地区的主流文化。西方人把希腊神话讲的美妙动听,但故事内容充满色情与暴力；而且其神并无定性,例如在希腊雅典地带,Diana 是狩猎女神,但在小亚细亚,则变成多乳房的丰饶女神（这证明神由人造）。简言之,希腊神话至多只能视为好听的故事。若说是宗教,则其「神学论述」显然不周,更无道德精神层次的「神启」,实难称得上「宗教信仰」。

　　当代有很多犹太人（包括使徒保罗之先人）不断举家迁往中东那些深受希腊文化影响的「文化先进」地区,包括：埃及、希腊、小亚细亚。这些外移犹太人,由于其特殊而坚定的信仰,聚族而居,过着自己独特的生活方式。有为数不少的希腊人（接受希腊文化而成为广义的希腊人）,欣赏他们宗教的精神及道德生活,进而仿校成立相似的社团,成为教友。这现象在新约的使徒传中,明显可见。后来犹太人中的基督教派兴起,他们更为重视基督的道德言行,很快就在希腊文化地区迅速发展,终成世界性的信仰。

　　回顾古时改宗的犹太人,怀疑自家的信仰不如那些信奉太阳、牛、雕像的大神,纷纷改宗,自以为得意。没想到那些原来信奉太阳、牛、雕像的徒众,连同自己的后代,全员一体、悉数改奉他们自己原来的上帝。原

来还是自己固有的信仰最好。至此，故事可告结束，但听来令人感叹！

后来自六世纪起，皈依基督教的西方蛮邦人，遵奉 the Law，终于夺得先机，发展出道德文明，法治文化，成为文明先进。很不幸，念同样经书、读同样道德训诫的东方教会，不但没发展出法治文明，还多停留在国疲民困的边缘地带。

无独有偶，还有一个文明古国，中国，也拥有更为完整的道德论述，而且不必借用神言仙语，直接从古圣先贤的口中，传达给世人。可惜其后人没有像西方蛮邦人一样，将古贤留传的训示，发扬光大，只有空坐宝山，却向西方取经求宝，甚至遭西方宗教学者（如黑格尔）的冷言贬评，更未见中国学者挺身出面、据理辩驳，至为感慨。更糟的是民国初年还高倡打倒孔孟，盲目仿习西方，甚至有人还要仿校西方的基督教，发展崇拜孔子的宗教－「孔教」、废汉字采拉丁，作出舍本逐末之举。西方文物虽好，值得学习，但绝非从头到尾样样都是宝。中国文化下的人，这时倒应借用西方独立思考的精神，明辨优劣，择其优者而用，却非人云亦云，盲目追风随潮。中国虽有同样的「Law」，或「moralia」的「道德训示」，却束之高阁久矣。今知「爱你的邻居」者，极多；识「泛爱众而亲仁」者，绝少。听来着实令人感慨！

今日东亚各国的经济实力已大为提高，而中国各方实力在今日世界已占举足轻重的地位，远比古犹太人好太多了。因此，中国上下实应重视自己固有的文化遗产，演绎发扬，才是上策。至少也可仿习西方新教派的改革方式，运用孔丘、孟轲，甚至墨翟、庄周、李耳，等古哲的言论，积极驳斥千年帝制官僚培养而出的痼习陋俗，包括：假儒所建构的孔家店，妇女缠足、迷信；并选取孔孟言论之精华，破解那些偏离孔孟思想，却挂名孔孟，所造成的「吃人的伪礼教」，才是正途。

2. 黑格尔（或其他大哲）的学说是西方思想文化经千年不断的创新演进而成，外地文化人民不易吸纳；中国实应以自己固有的古文化为基础，融合西方文化中之优者，开创新天地，发展属于自己的学说思想。

在论事之前，让我们先大略认识一下黑格尔的出身、背景以及他思想的形成，以利于认识及解说这个主题。他出自著名大学的路德派神学院，还是一位合格的路德派教士。他自幼就深受西方基督教神学教育的薰陶，包括传统的教育科目，Trivium：Grammar（初级语文；但通称的「文法」易生误导）、Rhetoric（作文），Dialectic（或Logic，逻辑、辩证）。

其中的 Dialectic 是西方特有的学科。大致上为教师选取圣经或教律中一个题目，Thesis（中文有译为：议题、论题），由反方提出反对意见而展开辩论。最后

总是从圣经引出的议题，赢得辩论。马丁路德于1517年，在Wittenburg大学提出95条辩论议题（The Ninety-five theses），就是典型的辩证会议（正方的Theses当然终是对的，反方是错的）。这种依逻辑而力辩的课程，正是西方学术的强项，为其他文化所不及之处。显然，他在辩证方面的深厚基础，对他以后的学术成就，有极大的影响。

从他神学院的专业训练中，他心中自然充满基督教千余年来的神学思想，包括：The Trinity，Nativity，Sin（sins are forgiven for Christ's death），Incarnation，Transubstantiation，还有新教徒的：Predestination，Free Will。他当然也深悉路德派始祖，马丁路德，所坚持的理念：一个好的基督徒，只在其信仰（The righteous person lives by faith；and justified by faith alone）；却不在于他做的善功（without the deeds of the law）。（注：反观 Rom. 2:5-6；2:13；Jam. 2:24；皆称 Deeds，doer，works 重要，却未见黑格爾驳正）。

不止于此，马丁路德还坚认：仪式中的酒与面包，确实是真的转化为耶稣的血与肉，并非只是象征性的而已。马丁路德还因此而与瑞士宗教改革家，Ulrich Zwingli（1484-1531），在第一次见面就吵翻天，不欢而散，还失风度，拒绝握手、拂袖而去。黑格尔是路德派合格的教士，理应承袭其教主之思想。但以他这样具有独立思考能力的西方学者而言，恐不见得全盘接受，却

有可能默认其言而不排斥。但无论如何，黑格尔的背景思想与观念，显然与外地文化地区，尤其中国文化背景者，在本质上就大异其趣，格格不入，互难相容。

他自应读过马丁路德著名的大作：The Freedom of the Christian Man，书中强调：一个基督徒，只要遵奉耶稣言行，受到 Law 的约束、节制外，拥有充分的言行自由，不受其他任何人（意指：教宗、大主教）的干扰。这正好代表西方的自由观念：在法律的容许范围内，有充分的言行自由，不受无理干涉；反过来说，自由受法律的约束，不可逾越。显然，这种真实的「自由」观念，在西方早已有之。但在其他文化地区，即使传入这种观念，却因文化差异，多未能充分行之。

他深受康德的影响，康德认为基督教至优，而其重心就是「道德」。但黑格尔却认为，基督教更超越了道德的境界，整个世界将与一位至尊，absolute spirit，融合（union）为一体。其实，他说的「absolute spirit」，简言之，就是存于他内心深处的「the God」。

由于他特殊的基督教的学经历，才让他发展出独树一帜的学说。他的学说发表后，广受西方知识阶层（都是基督教背景）的欢迎。其实，这并不足为奇，到底都是同类基督教思想圈子，自是易于同声相应、同气相求，更能深获我心。

那么问题来了，外地文化地区，包括：回教世界，中国，印度，对其学说，至少在理论上，就不会有「同

心相印、心同此理」的感应了。就以中国文化下的人而言，由于文化的鸿沟，又不熟悉基督教义的背景下（试看：Incarnation，Predestination），是否会产生「心有戚戚、深深感应到我的心灵深处」的感觉？并迅即融会贯通黑格尔学说之精义？深值怀疑！

　　黑格尔以及康德等大哲的学说，实非本书能力所能讨论。只是想从另一角度思考问题：那就是中国文化下的知识阶层，包括：学者、教育家，决策者，实宜多方设法，鼓励学子、学者、认识中国基础文化，包括：孔、孟、墨、庄，之学说，去粗取精，择优而用，并参考西方学说，发展出中国自有的思想，产生「中国的黑格尔」，却不是多了一个黑格尔专家。这道理也极其简算，派人留洋，学习飞机、战舰，其目地在于让中国也能自造飞机、战舰，却不是增加一个西方飞机、战舰的专家而已。

　　若中国古代「爱－智慧知识者」（philo-sophia：哲学家）能不断开创崭新的思想学说，致人才倍出，百家争鸣，学术蓬勃发展，此时不但黑格尔无缘评论中国，恐还有一些中国学者出面评断西方文化根源的圣经，「都是任何种族都有的常识性道德训示」，而且「缺乏有系统的思想论述、亦无逻辑理性的辩证」。这样说并无恶意，纯是依理推断。试看西方铁路，都早于中国。改革开放前，西方「爱－铁路者」，自会评论中国「交通落后」。但以今日中国的高铁实况，对看欧美的铁

路，中国自会有人提出对应的评价。这时，那些西方「爱－铁路者」，自然无言以对。

3. **西方先有 Law（Torah，律法道德及规矩）的教化；在此温床上，其次才会有孟德斯鸠、洛克、卢梭的民主法治思想，然后才有民主法治的国家。**

从历史及前述对照表就可知道，促成西方民权革命及民主法治的孟德斯鸠、洛克、卢梭，正和黑格尔，康德一样，绝非平地一声雷，突然冒出。实际上是西方新教徒依照律法之训示，包括：爱人如己、济贫互助、谦虚友爱，促成社会大众过着「重道德、守法纪」的生活（如前述 Philipp Spener 就是促成者之一）。就是在此遵法守纪的温床上，才会产生启迪新思的学者。这些学者不断发展创新学说，再经质疑、辩证，去伪存真的历练过程，才能凝聚出孟德斯鸠、洛克、卢梭，这类哲人及新思。这些思想历经多年的辩证与累积，终成为国家民族的主流文化。

他们都以人为本，专心研究如何增进全体人民的福祉，却非追颂「神」或帝王权贵，更非只谋一己、或一族之利。洛克还特别强调，人民天生就有生命、自由、及财产（life，liberty，and property）的权利。政府的目地就是保护及促进人民的基本权利及幸福，因此，政府应制定适合民意的 Law（法律），供全体人民遵行。这才是维护人民权利及幸福的不二法门。

这些哲人说的 Law，亦是源自使徒保罗在罗马书说的 natural law（见罗马书2:14-15）。这个 natural law，用中文或可称之为：自然法；用实例来说，就是不分国家、民族、也不论是否有明文律法（Law），任何人见到别人小孩快要落入井中，都会自动前往救助，而其目地绝非想要交好其父母。这就是人世间共通的「人溺如己溺」、「将心比心」之信念。就中文而言，应是法乎天、顺乎人的道德规矩（natural moral law）。

自宗教改革以来，西方普受律法道德的调教，官民已习于自动遵法守纪，成为社会生活的自然习性；这才让西方的法律得以自行，成为法治社会，还造出进步与繁荣。今日这么说，其实没啥了不起，因为韩非子早在两千年多前就已说过了；西方蛮邦人只是实践其言而已。因此，若说：「西方的法治社会与繁荣进步，都是以律法道德（Torah，the Law）作为坚固的基础，打造而出」，并不为过。这正如中国古书所说：君子务本，本立而道生；也是西方文化根源的 Law 所开示：不可在沙上建屋，应在坚石上建屋。显然，无分中西古训，都是异曲同工。

归根结底，其他文化地区的国家，包括：印度、乌克兰、中国，若想让法律发挥功效，达成法治，其基本条件就是要像西方蛮邦人的进化过程一样，亦如优良产品需要精良的「加工过程」，让官民经过社会规距与道德的教化或加工，孕育出遵法守纪、自律尊人的习性，

才会有成功的机会。这也说明为何民国初年，知识份子高倡「德先生」与「赛先生」，却未能如愿。若用事后之明来看，以当时社会的背景，这个目标显然是「非尔所能及也」｛见注如后｝。

　　反观那些自视民主的新起国家，由于官民自古迄今，从无法律、民主的文化基因，亦无遵法守纪、道德操守的教化。因此，人民不知如何当主人（君不君），政客争权谋私而乱法（臣不臣），造成有法无治、主受仆欺，贪腐成风。这些国家在嗜权政客的领头下，只有盲目追随西风、抄袭其法制，却无西方改革创新的本能，仅靠东施效颦而自得。论语说：「以不教民战，是谓弃之」，能不信乎！

注：说到：「非尔所能及也」，并非对前贤有任何不敬之意，只是就事论事，直言而已。在此有一故事可为佐证：

　　记得早期在台湾曾见一份政史杂志刊出一则有关蒋纬国将军的轶事。因时间太久，只能略述大要：二战结束不久，蒋介石之子，年轻挺拔的蒋纬国返国，当时尚是中尉军官。有一次去车站候车，见一中校军官，歪戴军帽、上衣没扣，服装不整，进来后，就大声责骂候车群众，并要这些「死老百姓」让路。因态度过于嚣张，蒋纬国忍不住上前，立正向「长官」行标准军礼，然后说：「报告长官，依照我们军人法

规，军装应穿戴整齐，对人民要亲和友善」。这位中校军官勃然大怒，厉声痛骂：「你XXX！什么法规？有啥好怕？你可知道我那里来的？你算啥东西，什么单位来的！」这时，蒋纬国就挺起胸膛，让这位「长官」查看其军牌。当这位「长官」一见名牌竟是：「蒋纬国」，吓的脸色大变，二话不吭，扶好军帽就掉头鼠窜，落荒而逃。

这故事即可代表当代人对：法律（军规、法规）、人民（X老百姓）、权力（官位）普遍的观念与反应。显然，当代人尚无民主、平等的观念，缺少尊重别人，也尊重自己的习性，甚至不知法律的存在，远不如见权官则畏而从之。当时应为1946年左右，尚且如此，那么早在1915年前后所倡言的「德先生」与「赛先生」，对一个久经动乱，国疲民困的中国，实为言之过早的「奢侈品」，犹如婴孩尚不能站立，就要他快跑。这话也许不中听，却是冷酷的现实。个中道理，实不必请一堆洋博士前来解说，因为中国古书早在三千年前，就已说过了，今列之如下：

> 是故明君制民之产，必使仰足以事父母、俯足以畜妻子，然后驱而之善，故民从之也轻；今也，仰不足以事父母、俯不足以畜妻子，此帷救死而恐不赡，奚暇治「礼义」哉？

其大意为：英明的领导者，先要经济民生，提高人民经济力，让人民过上好日子；然后再教导人民为善之道，这样才容易学好而有成，并让国事上轨道；今日民不聊生，连保命都有困难，那有闲工夫高谈「礼义」、法律、民主、科学？！

可惜古时读书人多把这苦读而来的知识用来赶考为官，然后「忠于事君」，却无法「忠于事」，将书中理念付诸实施，至为遗憾。时至今日，就让我们略窥中国古书中，这些备受读书人所熟读、却疏于力行的信念（请见下一节）。

## 第二节：中国的「律法」：Chinese Torah、the Law of Chinese

如前所述，中国古书，论语，或四书，甚至老庄的古训，若用英文来表达，自然就是中国的「律法」：Chinese Torah，The Law of Chinese。事实上，无论是律法书，艾奎那的神学总览，还有英国 39 条信规，都明白表示，Law，除了神性礼仪之外，就是道德的训示与规范。西方人以此道德信念为基础，终发展出俗世性的「法律」。遗憾的是中国却无缘将自己祖先留下的道德训示，演进发扬，成为治国安民的社会规范－Law（法律）。

十六世纪起，英国人移民北美，立法自治，造出富强繁荣的美国（试对比中国移民到东南亚）。他们订法自治而能

成功的重要因素，就是官民都能习于「遵法守纪」，进而做到「依法治国」的特性。很不幸，外地文化国家，多见其「依法治国」的成果，却疏乎其官民「遵法守纪」的习性与文化。

无论如何，英国这种法治的成就，自然广受外国所仿习，中国亦不例外，自是多方谋求「依法治国」之道。但久处中国文化的人，由于文化的鸿沟，不可能只用西方现成的法律、体制、判例、名言，做为进行法治的题材；因这些「洋玩意儿」的本质，难接中国传统文化及民情的地气，就像黑格尔、康德的学说，或艾奎那的论述，好则好矣、深则深矣，但实难同心相映、深植人心。因此，中国文化下的人，实应将自己传统的道德文化，the Law of Chinese，作为推行法治的另一个起点，共用中西学说，先让官民培养出「遵法守纪」的习性，并逐步开创出自有的法律文化体系，才是上策。

就以西方人经常引用的人权观念及法律来说，依照西方文化根源的律法书，人是依照上帝的形象所创造，高于所有动物，是上帝最珍贵的珠宝，所以应该珍惜每一个「人」－每一棵珠宝，人身无价。

再试读中国古书，孝经，开宗明义就说：「身体髮肤，受之父母，不敢毁伤，孝之始也」。若再加上古训：「己所不欲、勿施于人；仁者人也，仁者爱人」；还有，许慎在「说文解字」中，对「人」的解说就是：天地之性最贵者也；显然，依据中国古训（the Law of Chinese），中国文化下

的人，理应珍惜每一个「人」－天地之最贵者，人身无价。人不但要爱惜自己、保护自己不受损伤，也要爱惜其他每一个「人」，不可损伤别人。

由此看来，无论中西，虽然文化相异，但自古都有「**爱人尊人，待人如己、人身无价，不受侵犯**」的共同信念。因此，中国文化下的人，实在无需随着西方的人权观念，甚至自由派的新潮思想（諸如關怀犯罪者的人權，勝於受害者），随之起舞，盲从附和，甚至迁就；实宜根据自己的古训「the Law of Chinese」及民情，诸如：以直报怨，作为基础信念，打造出属于自己文化特质的人权思想及行事规范－「法律」。

再进一步而言，这个「法律」当然要符合大多数人的意见，自应是人同此心，心同此理，才能合理的处理问题。事实上，这正符合另一则 Chinese Law，即孟子说的：「心之所同然者何也？谓理也、义也」。其实，古书常说的「义」，并不深奥，不过是：「义者宜也」，亦即合宜合理之事，也可说是「正道、人路」而已。综而言之，如果法律合理合宜，符合社会需要，并受大多数人接受（即合乎法国大革命的人权宣言第四、第六条），全体官民就要有「遵法守纪」的责任（Duty of Civil Obedience；请参见附录二：英国39条信仰法规及英国社会的道德教化；英国法学家 William Paley 所言）。反过来说，若要官民「遵法守纪」，法律自然就要合理合宜，符合社会需要，并受大多数人接受（至少不应是扰民的苛法），才是正道。试看美国有些州的法律，严禁堕

胎，为未知的生命而伤害妇女；此法即使受很多人支持，但既不合理又不合宜，违法者自然很多，还导至很多人义助这些妇女「违法」。同理，前面所说的「道德」（moralia，morals，the Law），亦不深奥难行，不过是：「对而合理合宜的行事规矩」，包括：守序排隊、紅燈停車。

从前方的简论看来，中国显然也有有自己独到的思想文化，以及自有的逻辑推理方式，因此，中国立规行事不必非要强依西方的文化思想（例如：不必盲从跟着洋人提倡「反堕胎」，才是「对的」、才算先进），或引用西方大师，例如：亚里士多德、黑格尔，所说的话才算数。其实，自己的祖先也有同质同性的古训及思想逻辑，可取而用之，或据以明辩之。

因此，本书特在第四章，古训精华的训言之后，引述相同的中国古训，期望国人亦能重视自己的文化遗产，从自己的古文化出发，选取适合时代的思想，教化官民，提高百姓素质，让「遵法守纪、依法行事」溶入实际的生活之中，才是实行法治，让法律得以自行的基础工程。

2019年3月24日，中国国家主席，习近平，访问法国，总统 Emmanuel Macron，赠送习主席一本1688年，首部法文版的「论语导读」。法国总统还强调：法国大哲，孟德思鸠与伏尔泰，都曾读过这版本的「论语」，并受到启发。当时，孔子的名言，「己所不欲，勿施于人」以及「子不语怪力乱神」还在法国知识份子之间流传。至此，禁不住要说：连法国大哲都热心研读「论语」，那么中国人更应该研习 the Law of Chinese，让适合现代的四书及古书训言，作为社会生活及为人处世的基本信念，并成为中国人的共识，才是正途。这正是序言中所强调的：Chinese, Wake up！You shall study the Law of Chinese and do them！但无论如何也不要像改奉异教大神的古犹太人所犯的同样错误：别人的信仰都比自己的好。

试想，若中国任何朝代的帝王将相及读书人，都能认真研习及奉行中国古训，the Law of Chinese，成为中国官民共有的信念，并以此为基础，多方发展，中国文化肯定就会更为丰富多元而提升。暂举两则古训为例：「民为邦本、本固邦宁」和「内无法家拂士，国恒亡」；古时若有任何朝代能珍视这两则「中国律法」，成为立国的主流思想，施政志在以人民为本，培养人才，发扬学术，安定社会，中国自会产生更为丰实的历史及文化，根本就不会发生改朝换代之事了。

现在不妨续读论语，再选出两则重视教化，以利民生与法治的 Chinese Laws：

- 「既庶矣，富之；既富矣，教之」，这一则 Chinese Law 的中心思想最适用于近代中国文化下的人。其意为：人口增多，则须发展经济，以利民生；国民富裕，则须教化，勤习为人处世、遵法守纪之道，这样才会造成富而好礼、和谐繁荣的社会。否则，以人性的弱点，极易产生为富不仁，垄断资源，阻止自由竞争，欺压弱势的现象。这现象的殷鉴就是不远的印度。
- 再看另一则 Chinese Law：「君子学道则爱人，小人

学道则易使也」，用白话解说就是：位高而有影响力者，在受过教化、认清道理之后，则知关怀百姓疾苦，爱民如己；普通百姓受过教化、懂得道理之后，则知遵法守纪而易于听从政令，让政府易于依法行政、推行政令。日本明治维新能成功的原因之一，就是人民遵从政令而「易使也」；新加坡人民在李光耀总理的领导下，民不刁而「易使也」，都是愿服从政令而结出善果；反观印度高铁十余年来，一公里都没建成，原因之一，就是刁民兴，不「易使也」，自然一事无成。

古代若有朝廷愿齐心实践这两则 Chinese Laws，培育出：「爱民如己、视民如伤；遵法守纪、依法行事」的文化，中国早已是富强的法治大国，根本轮不到黑格尔对中国历史及论语说三道四了。

实则不止于此，再度信手拈来，诸如：「数罟不入洿池，鱼鳖不可胜食；斧斤以时入山林，材木不可胜用」，「天视自我民视，天听自我民听」，「诸侯危社稷，则变置；祭祀以时，然则旱干水溢，则变置」，「苟日新，日日新，又日新；作新民」，这些思想及信念，仍可适用于现代社会。至少，这些思想观念远比亚里士多德、黑格尔所说的金句，更易于国人吸收。

无论如何，可别轻视区区这几句古训。试看耶稣名言：上帝的归上帝，凯撒的归凯撒；西方人就因重视这一句话，

竟能造成西方国家的政教分离，让国政走上轨道，却不是政教合一的神权专政体制。这也可算是另类的「一言兴邦」。

这种另类「一言兴邦」的事迹，在西方文化的演进过程中，已屡见不鲜。例如：新约中，耶稣要求信徒：爱人如己、救助贫弱；于是西方从古时各处设立的救济院（hospice）直迄近世的慈善机构（包括：Salvation Army、Mother Teresa）蓬勃而兴。再如旧约所述，上帝全知，他要求子民：努力追求他的知识，胜于黄金（见Prov. 2：5，8:10）；上帝还要将其知识传播于世间（Isa，11：9）；甚至新约都明言：信仰与知识的融合，即可圆满的充实基督精神（Ephes. 4:13）。于是为了追求及充实知识，中世纪的学者教士，包括：艾奎那，引用亚里士多德的学说，解释基督教义；新教徒用经书中，上帝传下的「知识」，据理雄辩，反抗罗马教会；新旧两派相争时，都为提升自家人的「知识」水平，到处设立大学，以培养人才、明辨是非。这些现象在其他文化地区，实难望其项背。

正是这些古训（the Law or Torah）的思想，感动人心，成为许多人的信仰。凭此坚定信仰，促使许多人竭尽心力，完成使命。除上述艾奎那、慈善机构外，最广受人知的就是护士南丁格尔。她以其坚贞的基督信仰，救助伤患，更是世人的典范。

上述历史事实充分显示：西方先有受人重视的古训忠言（the Law or Torah），然后才会产生：艾奎那、William Booth、南丁格尔、政教分离，这些推动文明进步的人与事。

这过程在逻辑上听来有些玄奇，却是现实的必然规律。其中道理也很简单：由于这些古训忠言，即便只是一句而已，却因深植于人心，成为国民共有的思想及信念。这种「国家、民族、文化」所特有的信念，在社会风潮的激荡之下，自会培育出震古铄今的人与事。

至此，让我们再看一下「未行一言而丧邦」的故事：若明朝历代君臣肯认真实行一则孟子说的 Chinese Law「不嗜杀人、保民而王」，亦即，这则简短仅八个字的思想，若能深植于明朝君臣、读书人之心中，成为当代社会的基本信念，于是，从皇帝、朝臣，直到县令，其施政都以保护人民的生命财产，安定社会、经济民生为正事，并视百姓能够「丰衣足食，安居乐业，养生送死而无憾」为天降大任于我，明朝就不会灭亡，百姓也不必剃发留辫了。

就在上海，徐家汇公园入口处，有一招牌写着韩非子的话：「国无常强，无常弱，奉法者强，则国强，奉法者弱，则国弱」。显然，今日中国社会已有许多有心之士，洞察世情，才会立此醒世招牌。若借用孔子的话来说就是：「立此牌者，其知道乎？」这也是中国尘封已久的古文化，复苏起航的良兆。

唯若想振兴中国文化，并求得「法治」，自是不能只求表面；国人势需从根本做起，将研习中国古训（the Law of Chinese，包括：四书）作为学校及社会的基础教育课程，培养出全民共通的思想，造出「遵法守纪」的生活习性，才是正途。唯若想成功，获得实效，实不可重蹈古人覆辙，应重

视并改进下列传统的失误：

1. 首先，在研习中国古训方面，不应只重苦读死记，实应以轻松有趣「说故事、藏道理」的方式，介绍给中小学生；并鼓励学生提问而辩证之；学习重点应在于提高学生的兴趣为主，却不是分数与排名。

2. 其次，若想确实培育出「遵法守纪、依法治国」，亦即「法治」的习性及文化，并非依赖父兄师长的勤管严教，或耳提面命的训示，而是在于家中父母、学校师长、社会菁英及高阶人士是否能以身作则，造成风气，然后，风动草偃，影响社会人心。易言之，唯有上位者能带头遵法守纪，让法律先获得人民的信赖，才有可能督促全国官民遵法守纪、自律自重，产生实质效果。

3. 不可否认，中国在传统上，言教甚多。若只有言教，或编出大量的华丽金句，却无身教，都是无效。自古迄今，中国数千年来累积而出的良言金句，早已不胜其数，尤其近世各种新编的「醒世真言」还对偶押韵，更是蜂拥现世、多如牛毛，实已无需增编。实际上，与其朗朗背诵千条金句，不如认真奉行几则古训，当作为人处世的基本信念，例如：「己所不欲、勿施于人」、「谦冲自牧」、「见贤思齐」、「先行其言」、「过则勿惮改」、「诚信待人，择善而固执之」，天下太平矣！这也同样是「一言兴邦」的另类解释。

中国自汤武革命以来，一直处于「改朝换代、盛而后衰」的轮回之中，难以跳脱这个恶性循环。各朝代衰亡最简明而中肯的原因，莫过于韩非子的古训「奉法者弱，则国弱」。更严重的则是愈高位者，愈容易乱法犯禁（试看明朝正德、嘉靖皇帝，权宦刘瑾、魏忠贤），领头败坏纪纲，却无人敢于过问。在此背景下，国政不但败坏，而且无法改错革新，只有苟延推拖，静待革命及亡国。朱明皇朝的覆灭，就是现成实例。人无法改变自己的祖先，却能影响自己的后代。今日我们是后人的祖先，自应常存警惕之心，才能避免再犯同样错误，重蹈辙覆，又让后人哀之，然后复哀之。

现在见到西方蛮邦能在百余年之间，一跃而为文明先进，打造出上国衣冠文物，广受外邦所仿习，这充分说明中国三千多年前的一则 Chinese law：「奉法者强，则国强」，确实为颠扑不破的真理。这道理却也简单明白，若全国官民都习于依法行事，社会井然有序、运行无碍，没有特权也不畏惧权势；此时，人人都有充分的自尊与自信，不但不受本国权贵非法无理的压制，更不接受外国霸权的侵凌，全民自易团结一致，抵抗外敌。以此背景，国家自会安定、繁荣而强盛。这最好的实例就是从前的英国，由于「奉法者强」，终打造出「日不落帝国」。

近年常听到：西方的衰落。这典型的实例，亦可从英国现代社会察觉而出，其原因自是：放任骇俗之风迭起，奉法者渐弱，社会纪律假民权之名而过于松弛，勤奋努力的美德，日渐消退。

今日为务实起见，国家固然须先达成「船坚炮利、科技强国」的目标，自不待言；但为国家社会的长远之计，势须重视治本，让 the Law of Chinese 能早日根植人心，提高全民的素质，充实人民的见识。这不但是百年树人的起点，也是推行法治的坚强基础，让法律足以自行，甚至青出于蓝，胜过西方。这样的说法，并非夸大其词，国人亦无需勿妄自菲薄，试对看：北斗 vs. GPS、再看 DeepSeek 的崛起，显然，一分耕耘自有一分收获，关键仅在于愿不愿去做而已。

但即使愿意去做，也仍有玄机，暗藏陷阱：那就是主政者力求快速有成，一心指望早日到位，功成名就。最糟的还是丝毫不顾国情、民俗与官民的素质，就将西方前卫的法律或制度，不分青红皂白就直接移值国内，还自视先进而得意。这就是藏于改革计划中，经常导至失败的陷阱。王安石急就章的变法，就是失败的实例（例如其养马法；养马需专业技术与经验，官府要求农民养马，不但增加农民负担，马也养不好；实为典型的书生论兵）。

再静看盎格鲁撒克逊人的英美，他们是法治的先驱，也是典范。但别忘记，从自视「法官中之法官」的英王亨利二世（Henry II，1154-89 在位），为求司法公正（Justice），自 1166 年起，立下巡回审判庭的制度（Assize of Clarendon，包括 12 人 Grand Jury、「Ordeal by water」陋俗，等程序），直到 1689 年，国会为防止国王（当时为威廉三世）滥权，订出权利法案（Bill of Rights），造成法律大于王权，开始足以自行，总共走了五百多年的崎岖路，才终于达成。即使大家耳熟能

详的大宪章（1215年签订，后称 Magna Carta），也是落入冷宫四百年，不受重视，直到1628年，国会议员，也是前刑事最高法官，柯克（Edward Coke，1552-1634），向英王查理一世（Charles I，1625-49）呈递权利请愿书（Petition of Right），并引用封存四百年之久的大宪章，逐项指责国王查理一世违法的劣迹，终让大宪章重现法力，扬名于世（请参见附录三：英国大宪章及依法治国的浮沉实录）。由此观之，寻求「法治」，让法律足以自行，是国家立根奠基的百年大计，不可急功近利、贪功冒进；实需很长的时间，甚至百年，不断改革求新，心存积沙成塔、后继有人之念，才能有成。

「急功近利、贪功冒进」是人性的弱点，也是为政者的软土区块，极易诱人深掘而落入陷阱。为克服这个弱点，不妨试读一则 Chinese Law：「不积跬步，无以至千里；不积小流，无以成江海」。我们应把心力放在跬步小流？或是直达千里江海？这就是成败的拿捏关键。不过就今世现况而言，一心直达江海者，极多；愿积小流者，很少。反观盎格鲁撒克逊人各方面的成就，却是一点一滴，集历代知识学者之才智，累进而来，却非一日造成。

有鉴于此，不妨借他山之石、可以为垂：试看美国已故著名大法官，Ruth B. Ginsburg（1993-2020 在职）的信念与忠言。她一生为法律的公正公平而奔走，力图改革，最后却说出一句有感而发、极其中肯而务实的话如后（源自美国Irin Carmon and Shara Knizhnik 兩位女士介绍 Ginsburg 的畅销书：Notorious RBG［可譯為：惡名鼎鼎的 Ginsburg 大法官］，The

Life and Times of Ruth Bader Ginsburg；2015 年 10 月 27 日出版；由书名就可测知她的刚正无私与积极进取之心）。相信她这句久经历練才凝聚而出的结论，可供有志于改革者的参考及借镜：

**Real change, enduring change, happens one step at a time.**

可贴切的解译为：一步一脚印，盈科而后进，水到自成渠，小流变江海。

# 第三章：
# 律法阅读指引

　　西方人若想研习中国的学术思想，自应先从中国文化根基的「论语」，作为认识中国文化的起步。同理，中国文化下的人，若想研习西方的学术思想，尤其是法律、哲学，亦需先要认识西方文化的根基，才易于深入了解、融会贯通。

　　基督教的圣经及其「律法－the Law」，是西方文化的根基，深刻影响西方人的思想与文化高达千余年之久，根深蒂固，甚至还直接当「法律」使用。依据十六世纪，英国新教「宪法」，Thirty-nine Articles，就明言：「律法」本意就是道德（moralia, or morals）。由此看来，律法的道德论述，就是西方法律（Law）的根基。西方人重视并力行这些道德信念，才能培育出国民遵法守序的习性，顺理成章达成法治，让法律足以自行。若用英文来表达，更易见其真义：If you want to expect the rule of law, you shall start from the Law。

　　由于中西文化的鸿沟，中国文化下的知识阶层，对基督教及其律法，多有误解或错解，甚至抱持反面的排斥态度。因此，本书为协助学者、学子认识律法在道德规范方面的

论述，特将基督教圣经中的律法，精选有关人性道德的文句（但不谈宗教神性），分成下列三大类，以供参阅。

- 第四章：古训精华
- 第五章：基督教义在「爱人如己」之外的特色
- 第六章：审判－断是非、别善恶，维护人间公义

这些精选的律法，对中国文化下的人而言，若不知其背景，不易体会其真义。因此，在解说这些精选的律法之前，特在本章提供一些有关律法的阅读指引，以利阅读，并易于了解其真义。

不止于此，德国哲学大师，黑格尔，曾评断「论语」只是任何民族都有的常识性道德训言，又说：这本书缺乏有系统的思想论述、亦无逻辑理性的辩证。现在请看后面三章的律法内容，其实同样都是：「任何民族都有的常识性道德训言而已；缺乏有系统的思想论述、亦无逻辑理性的辩证」。若从反面来说，还真是：彼此彼此，谁也别笑谁。黑格尔只是站在文明先进的制高点，盲目信口开评。

非常遗憾的是迄今尚未见到中国文化下的学者，挺身而出，依理辩驳。未见反驳的原因，固然很多，但最大的原因，无非是黑格尔，或批評中國的西方學者，都曾读过「论语」，然后依其「读后感」，发表自己的评论；反之，二十世纪以来的中国，很少学者熟悉基督教的「the Law－律法」，自然就不会有「读后感」。既然不能知彼，自是无缘

反驳，更是欲辩无门，只有挨批而不知从何还口。

事实上，西方的学者不但乐于和有实力的对手据理辩证，而且敬重有实力的对手，因此，中国学者实应以直报怨，不必盲目爱你的敌人，亦不应沉默是金。期望本书精选的律法，对有兴趣了解西方文化根源，the Law，但不得其门而入的学者及学子，有所助益。

## 第一节：旧约与新约简介

旧约的律法，或称：律法书，英文为 the Law（拉丁：lex），包括：创世纪（Genesis）、出埃及记（Exodus）、利未记（Leviticus）、民数记（Number）、申命记（Deuteronomy），是旧约的主体。据传是摩西从上帝所传下的训诫与规矩。

旧约是从犹太人的希伯来经书，略加调整而来。犹太人在西元前586年被巴比伦所灭，犹太人悉遭掳至巴比伦。这些流亡的犹太人，痛定思痛，开始整理自己的故事及上帝对他们祖先的训诫，流传至今。后于西元前539年，波斯王居鲁士（Cyrus II）灭巴比伦，才释放犹太人返家。

基督教与回教都缘自这部犹太人的希伯来经书。据此经书所言，以色列人与阿拉伯人都是他们共同的祖先，亚伯拉罕（Abraham），的儿子所出，前者是嫡子，但为次子；后者是庶出，却是长子。

在埃及的亚歷山大城，犹太移民以希腊文编写希伯来经书，原是供其子弟认识祖先事迹而编写。后来基督徒则

将此希腊版的经书，略加调整后使用，称之为：旧约（Old Testament）。

新约是一世纪时，耶稣受难后，其弟子门人将耶稣言行及受难之事，分别编出四部福音书（Gospels）：马太福音（St. Matthew）、马可福音（St. Mark）、路加福音（St. Luke）、约翰福音（St. John）。后来使徒保罗（St. Paul）及其他门徒四处传教；他们的书信与福音书合编在一起，称为：新约（New Testament）。

Testament原是嘱令、圣训、盟约（神与人之间）之意。Old Testament（旧约）与 New Testament（新约），合称「the Bible」，中译：圣经。但 Bible 的希腊文原意是「书本」之意，转用成为专有名词。

## 第二节：当代希腊写作特色：爱用激动、夸张言词表达意念（Cynic）

西方人受罗马教会的影响，只能用拉丁文解说教义（故很多西方人认为拉丁文是上帝使用的语言）。但原来的旧约与新约却是希腊人所写的。在编写的当代，希腊有一派知识份子愤世嫉俗，对社会不良现象经常厉言评击，而且特别爱用夸张、犀利的言词来表达其思想。别人则讥讽这些人像狗一样（kynikos：dog-like），张牙舞爪，言语激情夸张，就爱乱咬人骂人。英文就从希腊文的 kynikos 转为：cynical（形容词：captious，peevish）及 cynic（名词）。中文有译为：犬儒。

四部福音书都是一世纪上半期的作品,正好处于这种文风的时代。福音书的作者自不例外,都带着这种写作风格。因此,福音书中常见到许多夸张激情的表达方式。例如:砍断手脚也要去求真理;一个肯悔改的坏人,胜过有99个不必悔改的好人;抛弃父母家人,跟着去学道(如:Luke 14:26;18:29),等类似的表述。这些夸张的部份,其实是作为绿叶,以衬托主题－花的美丽。但这种表述方式很容易让教外人士只注意到夸张且不合常理的部份。这些文句甚至成为教外人士批评或质疑的地方。最广为人知的故事就是:爱你的敌人,他打你右脸,把左脸也伸去让去他打。其实讲这么多夸张的话,其目标只是要强调一个主题:爱所有的人,不应只爱自己及家人(这段训言亦录在本书中)。

今日我辈中国文化下的人,学习西方文物的重点应在于:虚心习人之长,补己之短。故见到这些夸张的表述,实无需见缝插针,刻意挑其语病,甚至讥讽,以否定其价值。事实上,古中国也有类似的夸张表达,例如:「百乘之家,不畜聚敛之臣;与其有聚敛之臣,宁有盗臣」(见:大学,释治国平天下)。此句用意在于:任何机构／公司不可允许爱好贪污的人存在。为加强语气,特别说道:宁可雇用强盗(反正抢别人的财货,与我无害),也不可雇用贪污的人(因他会偷我这雇主的钱,有害于我)。除非别有用心,蓄意找碴,相信不会有人读了此句之后,会断章取义,刻意曲解为:中国古书赞成雇用强盗,反正就让他去抢夺外人,与我无损。

孔雀开屏，自应专注在羽翼开屏之美，而非难看之处。最好还是以谦冲自牧的心态，了解西方文化根源之特质与真义，做为参考学习的榜样，方为上策。国人应有充分自信，今天向他学，明天超过他。相信这才是求取新知应有的心态。

## 第三节：本书对律法的编写方式

本书是从旧约的律法书（或律法：the Law），以及新约所选录的英文良言古训，然后将这些嘉言加以分类编译。各英文经句均有中译，若有补充资料，则以注解加以说明。若遇语意难明，则以英王KJV版，甚至以拉丁版为解释依据。

由于中西文化的隔阂与差异，在每章节之前，先作出历史文化背景的简介。尤其是第六章的审判，由于并非中国主流的文化，故对其背景，特别多加解说。希望这种方式更能帮助读者充分了解英文古训的真义。

最早的英文版圣经，为十七世纪英王詹姆士一世的钦定版（King James Version；1611 年，简写：KJV）。此 KJV 钦定版是十七世纪初的英文，其原版是拉丁文。古人特爱用 and、for、but 等连接词，在译为英文时，或许为了保持原味，英译经句中特意保留这些字。加上古人对代名词的使用（如：你的，你们的），并不严谨，因此，KJV 版的文句、语法，与今日英文不尽相同，读来难免生涩。

为让读者可从英文了解其真义，并供学生及一般人做为良好的英文读物，特从当前知名英文版的圣经中，选用简明

又适合中国读者的文句,列入本书。这些英文经句的引用,本来都在允许引用的范围之内,但为礼貌及慎重计,曾去函各家,说明引用原委,并经各家同意引用。同时,在各句训言之后,附上来源版本的缩写如下(请参阅版权页):

King James Version 英王钦定版: KJV

New American Standard Bible 版: NASB

New International Version 版: NIV

New Revised Standard 版: NRSV

World English Bible 版: WEB

在此特向他们再致感谢之意。

## 第四节:以中文了解其大意,用英文体会其真义

我们读古文,无论是论语、孟子,直到陈情表,言简意赅,读来感人。但换以白话译文,虽可帮助了解其意,却因语法结构的改变,不但读来远不如原句简洁生动,还易于偏失其意,难以体会其真义。

甚至拉丁文译为英文,亦有同样情况发生,例如:「凯撒的归凯撒,上帝的归上帝」,英文(KJV)是:

Render ……unto Caesar the things which are Caesar's; and unto God the things that are God's。

读来相当呦口；再看原来的拉丁文，不但简洁，而且铿然有力（见 Matt 22:21 及 Luke 20:25）：reddite …… quae sunt Caesaris Caesari et quae sunt Dei Deo。

现代英文版本的文句，都是经过许多语文专家在群策群力下，用近代英文表达其原意，实为精心制成的作品。本书又是挑选简洁、并适合中国学子的文句，加上中译及注解于后。但在很多情况下，中译经常难以充分表达其原意。所以建议读者以中文了解其大意，再用英文体会其真义。易言之，就是从英文经句中，认识其真义，更易于融会贯通。而且研读其英文精句，还可做为英文进修的教材，一举两得，非常值得。

## 第五节：宜将此书视为法律、哲学等西方主流文化的基础读物

本书看来似仅在于认识西方法律的渊源与根基－the Law。但在实质上，不应局限于此。因为西方先进文化，无论是多么博大深厚，却都是登高自卑，缘于基督教及其教义（主干为：the Law）。不但法律、哲学，直接源自基督教，连西方的艺术，包括：绘画、雕像、建筑、音乐，都缘起于罗马教会及教宗（今日流行的历法，甚至享用咖啡，都缘自教宗）。这正如长江之源，不过是深不及膝的小溪，只是不断前行，接纳百川，有容乃大而已。

西方人为反抗教会的宗教高压与钳制，在宗教改革及理性启蒙之后，极力排斥宗教迷信，厉行政教分离政策。所以无论是官府或民间的知识阶层，都避谈宗教，还在有意无意之间，贬低或无视于神性宗教（包括：伏尔泰、美国总统杰弗逊），甚至卑视基督教或教会，以彰显自己为理性进步。

　　因此，在十九世纪，有意仿习西方先进的外国学者，包括：日本「遣欧使」，到了西方学府官府，不易听到西方学界官府盛赞其基督教的丰功伟业，只听到承袭希腊罗马的辉煌史迹。在此特殊背景下，导致许多外国学者、知识阶层、学府，几乎感觉不到「基督教」对西方文化举足轻重的影响，甚至疏乎「基督教」在历史演进中的存在。

　　就以法律、哲学而言，这两门现代先进的「学术」，可说是直接源自基督教圣经及其律法的「神术」。在十三世纪，当代罗马教会的神学权威，艾奎那（Thomas Aquinas，1225-74）著书立言，将圣经及其律法详加解说，发展出一套有条理的思想体系，为后世学术立下扎实的根基。西方人经宗教改革及理性启蒙后，学术知识飞跃进步；源自基督教义的哲学、法律，华丽转身，成为西方主流学术，广受其他文化地区所仿习。但别忘记，今日「法律」与「哲学」重地，巴黎大学、牛津、剑桥、哈佛、耶鲁，初期都以研习基督教义、培育教士为目标的「神学院」而已。

　　时至今日，无论哲学、法律的思想观念，都可追溯至圣经的律法－the Law 与艾奎那所作的解说。试读后面艾奎那对「Law」的解说，以及律法选录，这些八百多年前，甚至二千

多年前就发展出来，有关「法律」与「爱－智慧（中译：哲学）」的观念，仍然适用至今日，可称得上源远而流长。

　　换句话说，若要深入了解西方学术，特别是法律、哲学，总需知道一些基督教圣经里所说的知识，尤其是律法与艾奎那的论述，作为基础概念，否则极易陷入见树不见林的窘境。这情景正像一批观光客，到义大利观赏雕象，只看到一堆栩栩如生，美丽的石雕人物而已。更精确的比喻就是：外国学者想要研究宋朝的程朱理学，总得多少先要知道一些孔孟思想吧！恐不宜不知孔孟，就直接研习程朱，个中道理都是一样的。

# 第四章：
# 律法（The Law）精华

> Treat others the same way you want them to treat you. (Luke 6:31；NASB)
>
> 你希望别人怎样对待你，你就怎样对待别人（亦即：「待人如己」或「己所不欲、勿施于人」）。
>
> You shall love your neighbor as yourself. (Matt. 22:39；Mark 12:31；Luke10:27；NRSV)
>
> 你要爱你的邻人一如爱你自己。

## 第一节：从「待人如己」到「爱人如己」——含「十诫」

西方文化根源的基督教义中，其律法的道德观是建立在「待人如己」或「己所不欲、勿施于人」的基础上。基督教的旧约（即古代的希伯来经书）中，就倡言：爱外人一如爱你自己（如：Lev. 19:34，diligetis eum quasi vosmet［拉丁文义：love、him、as if、yourselves］；因为你们以色列民众，以前流

落在埃及时，也是外人）。在基督教的新约时期，耶稣更进一步发扬为：「爱人如己」的思想。

人类能脱离野蛮习俗（包括：强凌弱、众暴寡、强夺别人财物）变成文明社会，都是源自「待人如己」或「己所不欲、勿施于人」（＝己所欲、施于人）的基本信念。希伯来经书中，「十诫」的基本信念就在于此。以此基本信念为基础，作为出发点，人类才终能演进出文明行为。「爱人如己」更是基督教义的主轴及特色。这些信念，无分古今中外，都是构成处世道德与社会规矩的基础。所以我们就从「待人如己」与「爱人如己」，这两句的相关古训开始说起。

别忘了，我们自己也有同样的祖传古训。因此，在这两句训言之下，特列出四书相同的古训，供读者复习、对照之用。

** In everything, therefore, treat people the same way you want them to treat you, for this is the Law and the Prophets. (Matt. 7:12; also see Luke 6:31; NASB)

处于人世，你希望别人怎样对待你，你就怎样对待别人，这句话就是整部律法及古训的基础。

注：1.这句话最简明的中译就是：「待人如待己」。约在一世纪时，一位著名的犹太律法导师（Rabbi）Hillel，就曾说过同样的话：What is hateful to you, do not do to your fellow creature，中文直译就是：己所不欲，勿施于人；我不欲人之加诸我也，吾亦欲无加诸人（见论语卫灵公公冶长）或：施诸己而不愿，

亦勿施于人（见中庸）。Hillel 更简明的说，整部律法（the Law）的基础就是这一句话；亦即，人世间的道德、良心，都是根源于这句话，其他的话都不过是这句话的补充或详细说明而已。Hillel 是从负面说起，而耶稣则从正面来解说，两者意思相同。所以这句道德基础的训言，西方人通称之为：Golden Rule（金律）。

2. 这句话也是孟子说的：举斯心加诸彼（见梁惠王）。简言之，就是用「将心比心」的同理心，来对待别人。孟子还说："心之所同然者何也？谓理也、义也"（见告子上）。那么如何判断是否「理也、义也」？其依据就是：己所不欲勿施于人（或：己所欲、施于人），至少不可「以邻为壑」。例如：人人都有「自由」的权利；因此，您有自由，别人也有同样的自由。一个真正热爱自由的人，自应尊重别人的自由，更会竭力维护别人的自由。

** You shall love your neighbor as yourself. (Matt. 22:39；Mark 12:31；Luke 10:27；NRSV)

你要爱你的邻人一如爱你自己。

注：1. 基督教义最大、最突出的特色，就是耶稣要信徒：爱人如己，这也是基督教义的主轴。而且不止于爱家人、爱邻居，甚至还要爱敌人，正像上帝爱所有

的人一样，做到完美的至爱。

2. 英译 neighbor 的拉丁原文为 proximum （英文的 proximity），其原意为：neighborhood，close by；意为"周遭的邻人们"，甚或"同个社会的人"之意。Neighbor（单数词）的拉丁文则是：vicinus。恐因当代尚无neighborhood的字，故使用neighbor。

3. 这句名言的KJV 整段文句（Matt. 22:36-40，KJV）值得一读（如后）：

Master, which is the great commandment in the law?

Jesus said unto him, Thou shalt love the Lord thy God with all thy heart, and with all thy soul, and with all thy mind.

This is the first and great commandment.

And the second is like unto it, **Thou shalt love thy neighbour as thyself.**

On these two commandments hang all the law and the prophets.

（有人问耶稣）请问师父，律法中最重要的诫律是什么？

耶稣回答说：全心全意爱你的主，上帝；这是最重要的第一诫律。

再来就是要爱你的邻人一如爱你自己。

整部律法及古圣先贤的训言皆本于这两则诫律。

4. 这句话比前一句更积极，要人无条件的去爱别人。大致上，旧约（希伯来经书）多处告诫子民"不可"

做恶；新约（耶稣的训言）不但要求不可做恶，还特别要求子民"要"去爱别人。这也是新约（or New Law）的特色。

5. 中国古书也主张爱人，例如：孔子说：泛爱众、而亲仁（见论语学而），己欲立而立人、己欲达而达人（见论语述而。）孟子也说：仁者爱人，爱人者，人恒爱之（见孟子离娄下），仁民而爱物（见孟子尽心上），孟子还说，仁者无不爱也，急亲贤之为务（尽心上），即：虽然都是爱，却应有程度之分，对亲人及好人的爱应大于对其他人，是不同等级的爱。孔子甚至还说：爱之，能无劳乎？（见论语宪问）其意为，爱不应是单方面无条件的，也应教导被爱的人，努力上进、不负被爱，扶得起，才是正途。

** This is My commandment, that you love one another, just as I have loved you. (John 15:12; NASB)

这是我的诫律：你们要互爱，正像我爱你们一样。

** 十诫：The Ten Commandments（Exo. 20:2-17; NIV）

1. I am the LORD your God, who brought you out of Egypt, out of the land of slavery.

   我是你主，上帝，把你从埃及当奴隶解救出来。

2. You shall have no other gods before me. You shall not make for

yourself an image in the form of anything.

除我以外，没有别的神；你不可做个神像来敬拜。

3. You shall not misuse the name of the LORD your God.

    你不可随意冒用你主，上帝，的圣名。

4. Remember the Sabbath day by keeping it holy.

    记住安息日是个圣日，要休息。

5. Honor your father and your mother, so that you may live long in the land the LORD your God is giving you.

    孝敬父母，这样你才能长久住在上帝所赐的土地。

6. You shall not murder.

    不可杀人。

7. You shall not commit adultery.

    不可犯奸淫罪。

8. You shall not steal.

    不可偷盗。

9. You shall not give false testimony against your neighbor.

    不可故作假证，陷害邻人。

10. You shall not covet your neighbor's house. You shall not covet your neighbor's wife, or his male or female servant, his ox or donkey, or anything that belongs to your neighbor.

    不可贪图邻人的房子，也不可贪图别人的妻室、男女奴仆、牛、驴，及任何属于别人的财物。

注：以上是犹太教（Judaism）的顺序。基督教各派则稍有差异，如罗马教会及路德派将第二则视为第一诫，并

将第十诫分成第九及第十诫；东方正教会及路德派以外的新教会则将第二诫分为第一诫（并含第一则）及第二诫。

## 第二节：实行训言才算数！Just Do Them！

古往今来，无分种族及文化，各种道德训诫、警世忠言都是句句动听，多如牛毛。但能真正认真实行者，却是九牛一毛，甚至反其道或避而行之。因此，虽有同样的道德训言，但会不会受社会重视而实行，才是关键。简言之，肯去做，才算数。

传统上，多认为守法有德的「好人」应是正襟危坐、道貌岸然，甚至于卑恭卑敬、言必称尧舜的样子。但这只是个人的外表、样子而已，实质的好或不好，应在于他的行为是否合乎为人处世的标准。事实上，一个有道德、行仁义，奉行处世规矩的人，应是活泼快乐、充满信心而有朝气。

在律法书及新约的训诫中，处处要求子民力行律法（keep my commandments, and **do them**），而非只是坐着听道，并再三告诫：一个好信徒，应是起而行，以其行为做为判断标准。且看训示如后：

** （for I, the LORD your God,）but showing love to a thousand generations of those who love me and keep my commandments. (Exo. 20:6；NIV)

（上帝告诫）：我对所有爱我、并遵行我训示的人，包含上千世代的的人，都会施下慈爱。

注：这是摩西十诫中，第二诫：除我以外，没有别的神；你不可做个神像来敬拜。详见 Exo. 20:3-6 的补充说明。由此文句就明显可知，上帝要求子民"爱上帝"的方式，就是"遵行他的训示"而已。实际上，这句"遵行他的训示"亦属十诫的一部份。：

** Therefore shall ye observe all my statutes, and all my judgments, and do them: I am the LORD. (Lev. 19:37； KJV，ye = you)
你们要全心遵守我的法规，以及我的裁示，并要做到；我是你的主。

注：在律法书（the Law）中，常见到上帝说：my judgment。由于文化差异，这个 judgment 很难找到适当的中文译词。此字最适当的英文名词就是相对于「statute law」的「case law」或「case precedent」，亦即上帝对某一案件（case）所做的裁决、裁示（judgment: sentence / verdict）。Case law 是 common law 体系的一部份。

上帝是至高无上的 Justice（大法官），他对任何 case 的裁决，就是权威的终审判决，也等于是上帝在现有「statute law」之外，对某些特别案例所立下的 ordinance（律令、裁示；参见下一则），无论是法官、百姓，都要拳拳服膺。

** Therefore you shall do my statutes, and keep my ordinances and do them; and you shall dwell in the land in safety. (Lev. 25:18；WEB)
你们应遵从我的法规、奉守我的裁示，并照着去做，唯有如此你们才能过着安全平稳的生活。

注：由此句及前一句观之，The Law（Latin：lex or leges；中译：法律、律法）包含 Statues（Latin：praecepta）及 Judgments（Latin：iudicia）两部份，用现代说法就是：statue laws 及 case laws。

** and if you shall reject my statutes, and if your soul abhor my ordinances, so that you will not do all my commandments, but break my covenant;，If you will not yet for these things listen to me, then I will chastise you seven times more for your sins. (Lev. 26:15，18；WEB)
如你拒绝我的法规，又不理我的裁示，不肯奉行我的诫律，又违犯我的法令；，若你再不听从我的话，我会对你犯的罪行处以七倍的处罚。

注：这句话说明什么是 sin，简言之就是：背弃上帝的诫律，违犯上帝的律法。

** Now, O Israel, listen to the statutes and the judgments which I am teaching you to perform, See, I have taught you statutes and judgments just as the LORD my God commanded me, that you should do thus in the land where you are entering to possess it. So

keep and do them, for that is your wisdom and your understanding in the sight of the peoples who will hear all these statutes and say,
**"Surely this great nation is a wise and understanding people."**
(Deu. 4:1, 5, 6; NASB)

（摩西对以色列子民说）噢！以色列子民们，注意聆听这些我教你们必须奉行的法规与裁示；看着，我已把上帝所训示我的法规与裁示都教你们了，他也指示，当你们进入那片将来居住的土地上，你们一定要遵守并力行这些律法，当世人知道你们实行律法的情景后，在他们眼中，这表示你们很有智慧与见识，他们都会说："这真是个伟大的国家，有这么多具有智慧与见识的人"。

注：1. 这是摩西率领以色列子民在西奈半岛山区游走，尚未进入上帝应许之地－流着蜜与奶的迦南－之前，不断告诫及教育子民：若想在上帝恩赐的土地上长久生活，必须奉行上帝的规矩和指示。唯摩西终其生，未能进入应许之地，只有在他过世之前，远眺着应许之地而静静的复归于尘土。他的遗志则由继承人，约书亚，率领十二族人，带着存放上帝所赐律法的圣柜（Ark），越过约旦河，攻入耶律哥城（Jericho）而告结束，终于进入上帝应许之地，迦南。

2. 这有一句非常好，而且放诸四海而皆准的观念（却不易辨到）：一个伟大的国家，应是拥有很多有智慧又有见识的人，以及充满公义的律法（却不是只有甲兵之利）。这句话的表達方式神似孟子所说：

所谓故国者，非有乔木之谓也，有世臣之谓也。

3. 最后一句忠言，其「understanding」（这裡译为：见识），最好从拉丁版的经文了解其真义：en populus sapiens et **intellegens** gens magna；

(Look! people, wise, and,「**discerning intelligent understanding**」, nation, great）。

** You shall therefore obey the LORD your God, and do His commandments and His statutes which I command you today. (Deu. 27：10；NASB)

我（摩西）今天已向你们转告上帝的训示，你们应服从上帝的话，并要力行他所立下的诫律及法规。

** "Cursed is he who does not confirm the words of this law by doing them." And all the people shall say, "Amen." (Deu. 27：26；NASB)

那些不愿遵奉律法、亦不肯依律法而行的人，应受天谴；我们都会高喊：同意！

** Keep therefore the words of this covenant, and do them, that you may prosper in all that you do. (Deu. 29：9；WEB)

遵行律法，照规矩去做；果如此，你们就会因力行训言而兴盛。

**注**：此句表示，力行律法，人人遵守规矩行事，社会必会

兴旺繁荣。真有如此宏伟功效？试看二战后的日本已是废墟，印度没有战祸。仅十年光景，却有天壤之别。或辩称，日本有美国相助，而阿富汗也有美国支援二十年，下场却也可悲。「日本能、印度、阿富汗不能」的差异根源就在于全民上下是否习于「遵守法规、照规矩办事」而已。

** For this commandment which I command you this day, it is not too hard for you, neither is it far off. But the word is very near to you, in your mouth, and in your heart, that you may do it. (Deu. 30:11，14；WEB)
我最近赐给你们的诫律，其内容绝不难懂，也不高深莫测，都不是！这些诫律与你们息息相关。你们要熟读并铭记于心，以备遵照实行。

** Not everyone who says to Me, 'Lord, Lord,' will enter the kingdom of heaven, but he who does the will of My Father who is in heaven will enter. Many will say to Me on that day, 'Lord, Lord, did we not prophesy in Your name, and in Your name cast out demons, and in Your name perform many miracles?' And then I will declare to them, 'I never knew you; DEPART FROM ME, YOU WHO PRACTICE LAWLESSNESS.' Therefore everyone who hears these words of Mine and acts on them, may be compared to a wise man who built his house on the rock. (Matt. 7:21-24；NASB)

不是每个到我前面的人，只要高呼：主啊！主啊！就可以进天国。只有那些肯实行上帝训诫的人，才能进天国。

在最后审判时，很多人会前来对我说：主啊！主啊！我们不就是因你之名求道，因你之名驱走心魔，还因你之名见证很多神迹的人吗？到时，我会告诉他们说：我从来不认识你们，你们这些做恶的人，快走开！

因此，任何听我讲道的人，若肯力行我说的训言，我会认他们是聪明人，懂得把房子建在坚固的岩石地基上。

\*\* Everyone who hears these words of mine, and doesn't do them will be like a foolish man, who built his house on the sand. (Matt. 7:26；WEB)

那些只聽我讲道，却不照着做的人，就像一个傻子在沙地上盖房子。

\*\* If ye love me, keep my commandments., If a man loves me, he will keep my word. (John 14:15, 23；WEB)

如你爱我（耶稣），就要遵守我的训诫，任何爱我的人，都应遵守我的训诫。

\*\* （the righteous judgment of God）who will render to each person according to his deeds. (Rom. 2:5-6；NASB)

（上帝公正的裁决）上帝会依据每个人的行为做出裁决。

** for it is not the hearers of the Law who are just before God, but the doers of the Law will be justified. (Rom. 2:13; NASB)
那些只会听律法的人，上帝不会认为他们就是好人，只有那些依律法而行的人，才会是好人。

** And whatever you do, work heartily, as for the Lord, and not for men. (Col. 3:23; WEB)
不管你做什么事，都要诚心去做，是依上帝之意而做，却不是为别人而做。

** But be doers of the word, and not merely hearers who deceive themselves. For if any are hearers of the word and not doers, they are like those who look at themselves in a mirror. (Jam.1:22-23; NRSV)
你必须力行耶稣的训言，而不是只去听道，只愿听道的人，已误入歧途。那些只会听道，却不力行其道的人，就像看到自己镜中的脸，是虚的。

** But one who looks intently at the perfect law, the law of liberty, and abides by it, not having become a forgetful hearer but an effectual doer, this man will be blessed in what he does. (Jam. 1:25; NASB)
任何人读了这部完美而坦言的律法，就得遵奉实行，他不可听了就忘，而是遵照律法力行其道，这样的人必会因其善行而得到福报。

注:"the perfect law, the law of liberty,"(KJV 为: perfect law of liberty),其拉丁文是: lege perfecta libertatis;这个 libertatis 除了作 liberty, freedom,"自由"之意外,尚有 "frankness of speech 及 outspokenness"(坦言,直言之意)。

** You see that a man is justified by works and not by faith alone. (Jam. 2:24; NASB)

你们可以看出,一个人是以其善功而被视为好人,却不光是只有信仰。

** Therefore, brothers, be more diligent to make your calling and election sure. For if you do these things, you will never stumble. (2-Pet. 1:10; WEB)

兄弟们,你们应努力,确实完成你们的使命,才不愧作为上帝的选民;如你们真能去做这些事,你们决不会失落。

注:最后一句:"你们决不会失落"(KJV: ye shall never fall);其拉丁原文为:"non peccabitis aliquando": not, to sin / to go wrong / to blunder / to stumble, at any time。peccabitis 就是基督徒最常说的 sin(罪)。pecco 当作动词时的"第二人称多数未来式"。故其原意亦为:你们就不会犯过/错、获罪。

** Little children, let us not love with word or with tongue, but in deed and truth. (1-John 3:18; NASB)

我的年轻朋友们，讓我们不要老是用口舌谈爱，一定要用行动及诚意才行。

** Blessed are those who do his commandments, that they may have the right to the tree of life, and may enter in by the gates into the city. (Rev. 22:14；WEB)
那些力行上帝诫律的人，有福了。他们可以走近生命树，并从大门进入上帝之城。

## 第三节：国泰民安、安邦富国，始于廉、耻

前面说过，「道德」源于：「己所不欲、勿施于人」或「爱人如己」的基础上，但那只是基本原则，在此原则下，尚有许多必要的附带条件与实际行动。在这么多实际行动中，有两种行为深切的影响社会的安定繁荣。这两个社会规范就是：

不贪取别人或非份的财物
反思自省、知耻改错、悔过自新

这两项规范最简明又贴切的中文就是：「廉、耻」两字。孟子说：上下交征利则国危矣；又说：其所取之者，义乎？不义乎？非其有而取之者，盗也！这就是倡导「廉」。他又说：发而不中、行有不得者，皆反求诸己，就是要知

「耻」。一个社会或是一个国家的安定繁荣与兴亡，都与「廉、耻」有直接關系。

请别说，我们早就知道了！事实上，孟子，以及律法书，都在三千多年前，早就谆谆告诫过了，效果安在？试看朱明皇朝的皇帝、权宦、政事，都可归因于「廉、耻」不足。故任何国家若想进步与繁荣，在技术层面，必须先消除并改正社会上的贪腐之风；从正面来说，就是：重廉耻，方为裕民富国的基本要件（犹似中国古谚：「杀其狗，则酒不酸」的逻辑）。再看今日亚非及拉丁美洲，许多国家贫穷落后的主要原因，都是缺乏廉、耻观念，致贪腐当道，上下官员只顾交征私利，无暇治国安民，国政败坏而难以自拔。

总之，还是前面的老话，光是"知道"没有用。无论是西方的律法书（the Law）或中国的四书，早在三千多年以前就曾谆谆告诫世人，后世历代都在引用这些嘉言金句，朗朗上口，试问其效果安在？其关键仅在于一个「行」，才会有效果。

且看一下律法书与新约怎么强调这两件要事：

**1. 不贪取别人或非份的财物：廉**

** （参见十诫）You shall not steal.；You shall not covet your neighbor's house；you shall not covet your neighbor's wife or his male servant or his female servant or his ox or his donkey or anything that belongs to your neighbor. (Exo. 20:15，17；NASB)

你不可偷盗；你不可贪图邻人门房子、妻室、男仆女仆、

牛、驴，以及邻人的任何财物。

** You shall take no bribe, for a bribe blinds those who have sight and perverts the words of the righteous. (Exo. 23∶8；WEB)
你不可收受贿赂：贿赂会蒙闭人的判断力，并扭曲正义。

** You shall not steal, nor deal falsely, nor lie to one another. (Lev. 19:11；NASB)
你不可偷盗，行事不可作假，亦不可互相欺诈。

** Cursed be he who removes his neighbor's landmark. All the people shall say, Amen. (Deu.27∶17；WEB)
那些移动邻人界碑，偷占邻人土地的人，应受天谴，所有的人都会高喊，同意！

## 2. 悔改（反思自省、知耻改错、悔过自新）：耻

** In those days, John the Baptizer came, preaching in the wilderness of Judea, saying, " Repent, for the Kingdom of Heaven is at hand!" Make ready the way of the Lord, Make his paths straight." (Matt. 3:1-3，WEB)
从前有位施洗约翰来到约旦河，在犹太地区的圹野之间讲道。他说：你们要悔改，因为天国就在附近！大家要走向上帝之路，依照他的正道而行。

** but unless you repent, you will all likewise perish. (Luke 13:3; NASB)

除非你们悔过自新，否则你们一样都会灭亡。

** I tell you that in the same way, there will be more joy in heaven over one sinner who repents than over ninety-nine righteous persons who need no repentance. there is joy in the presence of the angels of God over one sinner who repents. (Luke15:7, 10; NASB)

耶稣对众人说：同样道理，上天会因一个罪人悔过自新而倍感欣慰，其欣慰或恐胜过己有99个不需悔改的好人。一个罪人勇于悔过自新，上帝的天使都会前来庆贺这件喜事。

** ……I preached that they should repent and turn to God and demonstrate their repentance by their deeds. (Acts 26:20; NIV)

他们应知耻悔过、归依上帝，并做出改过自新的善功，确实悔过。

** But if we judged ourselves rightly, we would not be judged. (1-Cor. 11:31; NASB)

如果我们都肯反思自省，就不会受人批责。

** You were taught to put away your former way of life, your old self, corrupt and deluded by its lusts, and to be renewed in the spirit of your minds, (Eph. 4:22-23; NRSV)

你要听从教悔，革除以往不良的生活习性，改变自己，那些劣迹皆因贪念而腐化了你的心。因此，你要借上帝的圣灵，洗心革面、痛改前非。

** but now you also put them all away: anger, wrath, malice, slander, and shameful speaking out of your mouth. Don't lie to one another, seeing that you have put off the old man with his doings, and have put on the new man, that is being renewed in knowledge after the image of his Creator, Put on therefore, as God's elect, holy and beloved, a heart of compassion, kindness, lowliness, humility, and perseverance. (Col. 3:8-10, 12; WEB)

你先要把你现有的恶习，包括：怒气、冲动、恶行、恶言、说谎，悉数根除，然后要改头换面，重新作人，就像上帝照他的形象，重新造出一有见识的新人。既是上帝的选民，你就要心存圣念、受人敬爱，慈悲为怀，待人亲切、温良无骄、谦虚处世，并具毅力。

** Those whom I love, I reprove and discipline; therefore be zealous and repent. (Rev. 3:19; NASB)

凡我所爱的、又曾受我训诫的人，你们应积极上进，并要悔过自新！

注：在新约中，耶稣及使徒经常强调信徒要悔改。这是因为古时希伯来人（包含犹太部族的古希伯来十二部族人）常违犯上帝的律法（the Law）而有「罪」（sin-"they

第四章：律法（The Law）精华

are guilty"；见 Lev. 4:2, 13, 23, 24; 5:15; 6:2）。其领袖摩西奉上帝之意，要子民时时注意悔改，并规定每年（犹太阴历）7月10日举行悔罪日（Atonement；即犹太人的 Yom Kippur，通常落在阳历的 9, 10月之间）。所以「悔罪改过」已成为其社会的特色习俗。祭司为子民赎罪（to make an atonement）的方法是找一支小羊，讓有罪者以手按其头，把罪转给这只羊，然后宰杀此羊，或将羊放逐荒野。这就是替罪羔羊的典故。

顺道请参考律法书中对赎罪日的经文：

This shall be a statute to you forever: In the seventh month, on the tenth day of the month, you shall deny yourselves, and shall do no work, neither the citizen nor the alien who resides among you. For on this day atonement shall be made for you, to cleanse you; from all your sins you shall be clean before the Lord.
This shall be an everlasting statute for you, to make atonement for the people of Israel once in the year for all their sins. And Moses did as the Lord had commanded him. (Lev. 16:29, 30, 34; NRSV)
你们永远要遵守这个规矩：每年第七个月的第十天，不论是自己国人，或住在你们这的外地人，都要停止

工作，反思悔过。

在这一天，让祭司为清洗你们的心灵而举行悔罪（Atonement）仪式。这样就可以在上帝之前，洗净你们所有的罪过（sins）。

你们每年要举行一次悔罪节日（Atonement），这是永远的规矩，用以清洗以色列子民的罪过。这是摩西奉上帝的指示而遵办的事。

## 第四节：身教

今日世间已充满了各式各样的嘉言警句，美不胜收。这充分显示：言教已多于身教。孔子说：君子之德风，小人之德草，草上之风必偃，这充分说明身教胜于言教。例如，前一节曾表示：光是倡言「廉耻」是不够的，必须「行廉知耻」才有效果。若要做到这个「行」字，上位者的身教就是关键。

从前的教化是：长官以教僚属、将帅以教士兵、父兄以训子弟、严师以训生徒。其实，上位者能够以身作则才会有实效。故此句话实应改为：长官以身教僚属、将帅以身教士兵、父兄以身教子弟、严师以身教生徒。换句话说，如欲教化人民、提升人民水准，不能只在空言道德，收效甚微；社会上层（包括：父母、师长、名人、权贵）的行为及习性，就是人民的榜样，也是社会教育的师傅，青年及后生的眼睛都是雪亮的，自会斟酌仿校。

耶稣宣教的特色就是以身作则，言行一致以教化徒众。这就是为何耶稣痛批那些居大位又官僚的法利赛人是伪君子，只会教训别人去做，自己却什么都不做。且看一下新约中，鼓励身教的劝言：

** Take my yoke upon you, and learn from me; for I am gentle and humble in heart, and you will find rest for your souls. (Matt. 11:29; NRSV)

你来扛起我的担子，仿习我的榜样：处世要心存温和而谦虚，能如此，你们的心灵就会得到舒适和愉悦。

注：句中的 rest，拉丁原文是 "requiem"，虽是 "rest from labor" 之意，尚含有 amusement 之意。这句名言不但勉励基督徒仿校并力行耶稣的榜样（请参见第二节，Matt. 7:21-24；勿期望只去听道祈祷就可获救），还适用于非教徒的俗世人，例如：革命尚未成功，你来扛起我的担子。

** After that, he poured water into a basin and began to wash his disciples' feet, drying them with the towel that was wrapped around him. He came to Simon Peter, who said to him, "Lord, are you going to wash my feet?" Jesus replied, "You do not realize now what I am doing, but later you will understand." When he had finished washing their feet, he put on his clothes and returned to his place. "Do you understand what I have done for you?" he asked them.,

Now that I, your Lord and Teacher, have washed your feet, you also should wash one another's feet. I have set you an example that you should do as I have done for you. (John 13:5-7，12，14-15；NIV)

耶稣把水倒进水盆里，就开始替门徒脚，当他走到门徒彼得面前时，彼得问说：主啊！你为何要为我脚？耶稣说：你现在不知道我在做什么，但等一下就会知道了。

当他为门徒完脚后，耶稣说：你们见到我刚才为你们做了什么事，我是你们的主，又是师父，却能曲身为你们洗脚，那末你们也更要互相帮着洗脚。我已给你们做出榜样，你们要学着我，去做我对你们所做的事。

注：很多人都听说过，耶稣为门徒洗脚的故事。由于文化背景的原因，很多人恐对"洗脚"有所误解。古时巴勒斯坦都是少雨的沙土地面，房舍简陋，有的还是帐蓬。人都是穿拖鞋，甚至赤脚。若家中有客人来访时，脚上都是尘土。中上人家为表礼貌及欢迎之意，都会叫奴仆备水为客人洗脚。大致像今日有客来访，都会"端出饮料或毛巾待客"一样。

** Don't let anyone look down on you because you are young, but set an example for the believers in speech, in conduct, in love, in faith and in purity. (1-Tim. 4:12；NIV)

不要讓别人因你年纪较小而轻视你，你要从你的言语、态度、爱别人、虔诚等方面，给信徒大众做出好榜样。

** in all things show yourself to be an example of good deeds, with purity in doctrine, dignified. (Titus 2:7；NASB)
你在各方面都要显示自己是个做善功的好榜样，坚守正直、稳重及诚意。

** I exhort the elders among you Tend the flock of God which is among you, taking the oversight thereof, not by constraint, but willingly; neither as lording it over the charge allotted to you, but making yourselves examples to the flock. (1-Pet. 5:1-3；WEB)
我敦促诸位长老，做为一个牧者，在教化你们的信徒大众时，不可用强迫方式叫他们去做，应让他们自动愿意去做更不可用君临天下的姿态去指挥他们，你们应做出榜样，身教徒众，才是正途。

## 第五节：人贵自觉，及时改过

自古以来，无分中外，从帝王权贵到书生百姓，很多人都曾误入歧途，其下场也悲。只能懊悔为何当年没料到如此结局？或埋怨缺乏高人指点！

事实上，这些懊恼及埋怨是不能成立的。因为各国各民族都有很多历史事迹与先贤的教诲，都是活生生、现成的摆在社会各角落。因此，人贵自知，不能只是指望别人来指点迷津（其实您也听不进去），只能靠自己多读书，懂道理，有了足够的见识，然后才能避免懊悔莫及。这也是古书说：

「人不学、不知义」的精义。

很多人会说，这老生常谈，我们老早就知道了。**No**，不然！当您成就十足，成为权贵阶层时，就不一样了，早就忘了！试看李后主、宋徽宗、明英宗，或再看一下那位霸气十足的东条英机！

这种老生常谈的教训，在两千年前的福音书中（路加福音），早就清楚的告诫世人了。且让我们看一下路加福音中的寓言故事：

** There was a rich man who was dressed in purple and fine linen and lived in luxury every day. At his gate was laid a beggar named Lazarus, covered with sores, The time came when the beggar died and the angels carried him to Abraham's side. The rich man also died and was buried. In Hades, where he was in torment, he looked up and saw Abraham far away, with Lazarus by his side.

He answered, 'Then I beg you, father, send Lazarus to my family, for I have five brothers. Let him warn them, so that they will not also come to this place of torment.' Abraham replied, 'They have Moses and the Prophets; let them listen to them.' 'No, father Abraham,' he said, 'but if someone from the dead goes to them, they will repent.' He said to him, 'If they do not listen to Moses and the Prophets, they will not be convinced even if someone rises from the dead.' (Luke 16:19-31；NIV)

从前有个富人，身穿锦衣，居家侈华。在其门口，有个名

为 Lazarus 的悲苦穷人。当这穷人死了之后，天使就带他到天上，安居在祖先亚伯拉罕的身边；但那个富人死后，就落入阴间受罪。他在地府痛苦不堪，见到从前家门口的穷人都可升天，安躺在祖先的怀抱里，他就向老祖亚伯拉说：老祖先，我只求你一件事，我家还有五个兄弟，请你派 Lazarus 去我家警告我的兄弟，以免他们以后落至阴间受苦。亚伯拉罕回答说：他们都知道摩西及古圣先贤的训诫，只要你兄弟多听他们的教诲就好了！

这富人立即说：老祖先，他们不会啊！最好还是派一个死过的人去警告他们，他们才会觉悟而悔改。亚伯拉罕就回答说：如果他们连摩西与古圣先贤现成的教诲都听不进去，派一个死去的人去告诫他，更不会说服他们。

# 第五章：
# 基督教义在「爱人如己」之外的特色

> "If anyone is poor among your fellow Israelites in any of the towns of the land the LORD your God is giving you, do not be hardhearted or tightfisted toward them. Rather, be openhanded and freely lend them whatever they need."(Deu. 15:7-8；NIV)
>
> 在你们同胞兄弟当中，如仍有一位穷人，你对那位穷苦的同胞兄弟不可无动于衷，也不可撒手不理；你要大方的伸出援手，慷慨的捐助他所需要的东西。

## 第一节：救济贫困、力助弱势

基督教义最突出的特色就是「爱你的邻人」；亦即中文的：「爱人如己」之意。基于「爱邻人如爱自己」之心所展现的实际行动，就是救贫济弱。因此，救济穷人、济助弱小，自然成为基督教义的主轴之一，也是基督的明言训示。若依律法

书的要求，甚至还要"爱"到连一个穷人都没有为止。

罗马帝国的军功，所向披靡、征服四邻；却仅在三百年之间，反被一个来自巴勒斯坦蕃邦的基督教所征服。其宾主易位的关键仅在于：罗马帝国从不关心贫弱，而基督教却关怀贫弱，终让多数人站到基督教这一边，而帝国权贵却在不知不觉间，痛遭边缘化。

西方社会能够不断出现众多慈善家以及社会主义者，这种济贫助弱的文化根源就是来自基督教义（Thou shalt open thine hand wide unto thy brother, to thy poor, Deu. 15:11）。这样自比念经仪式更能获得上帝的嘉许。且看一下济贫助弱的训言：

** You shall not deny justice to your poor people in their lawsuits. (Exo. 23:6：WEB)
在穷人的诉讼案件中，你不可扭曲正义。

** Now when you reap the harvest of your land, you shall not reap to the very corners of your field, nor shall you gather the gleanings of your harvest. Nor shall you glean your vineyard, nor shall you gather the fallen fruit of your vineyard; you shall leave them for the needy and for the stranger. I am the LORD your God. (Lev. 19:9-10；NASB)
当你在收成时，不可把田里各角落收的一干二净，你也不可把掉在地上的麦穗收走；你也不可把葡萄园的葡萄采个

精光，你也不可把掉在地上的葡萄收走，你应把这些剩余的收成留给穷人及外地人。

注：法国实景大画家，米勒（Jean-Francois Miller；1814-75）在 1857 年作出一幅名画，The Gleaners，就是描述此景。请注意画中远处有一位骑在马上的贵族。当代知识阶层已注意社会问题，料米勒有意画出这远方贵族，作一对照。

** You shall not wrong a stranger or oppress him, for you were strangers in the land of Egypt. You shall not afflict any widow or orphan. (Exo. 22:21-22； NASB)

你不可找外地人的麻烦、也不可欺压外地人，因为你从前在埃及时，也是外地人；你不可欺负寡妇与孤儿。

** If you lend money to my people, to the poor among you, you shall not deal with them as a creditor; you shall not exact interest from them. (Exo. 22:25； NRSV)

若你把钱借给我子民中的贫困人家时，你不能以债主的姿态去逼他，也不可向他取收利息。

注：中古时期，西方人受此教义的影响，不愿从事银钱贷放业务，但其他族人如：布根第人（Burgundy，哥德人之一族，后被查理曼大帝灭亡）、犹太人，就没受其限制。于是他们可放手作银钱业（其实称为当铺较恰当）。他们最爱贷款给那些爱打仗的国王，如：英王爱德华三

世。伦敦有一条著名的银行街，就是叫布根第街。

** Do not defraud or rob your neighbor. Do not hold back the wages of a hired worker overnight. Do not curse the deaf or put a stumbling block in front of the blind, but fear your God. I am the LORD. (Lev. 19:13-14; NIV)

你不可诈欺、也不可抢夺你的邻人；你该给员工的薪资，必须当天支付，不能拖到次日清早。你不可咒骂聋子，也不可在瞎子走的路上，放个石块。你们要敬畏上帝，我是你的主。

** If any of your fellow Israelites become poor and are unable to support themselves among you, help them as you would a foreigner and stranger, so they can continue to live among you. Do not take interest or any profit from them, but fear your God, so that they may continue to live among you. (Lev. 25:35-36; NIV)

如你有同胞兄弟非常贫困，一无所有，希望求助于你，这时，你应帮他解困，就像你对外地人，或短期房客一样，收留他住在你那裡。你不可向他收取利息，也不可多收钱；你要敬畏上帝及诫律，这样，他们就可以靠你而生存。

** If any of your fellow Israelites become poor and sell themselves to you, do not make them work as slaves. They are to be treated as hired workers or temporary residents among you; they are to work for you until the Year of Jubilee. Then they and their children are to be released, and they will go back to their own clans and to the property of their ancestors. Because the Israelites are my servants, whom I brought out of Egypt, they must not be sold as slaves. Do not rule over them ruthlessly, but fear your God. (Lev.25:39-43; NIV)

如你有同胞兄弟因赤贫而卖身至你家时，你不可强迫他当作你的奴隶。你应待他如受雇的仆工，或寄居者，他要为你工作。到期后（i.e. jubilee），他可以离开你，带着他的孩子回到属于自己的老家。因为他们都是我从埃及带出来的子民，他们不应被当作奴隶买卖。你不能苛薄的压榨他们。

注：Jubilee，是古时希伯来人的节日，颇为复杂，简言之，应是：五十年庆。原来是土地耕作六年后，第七年时，无论土地，牛马，仆工，都应休息（见Lev.25:2-7）。卖身的奴隶都可解放，恢复自由。这一年称为 sabbath year，也是 year of release（解放年，见 Deu. 15:9），用意至善。七个 sabbath year（49年）之后的一年，第五十年，就是Jubilee（见 Lev. 25:10），更是个自由、休息的大禧节庆。文句所说的 Jubilee，不会是五十年之后，再放人自由。无分中外，古人用字都不精确，只求大概，此句之意应是第七年就放人自由（参见下面 Deu. 15:1-2）。

** (The Lord your God) who executes justice for the orphan and the widow, and who loves the strangers, providing them food and clothing. You shall also love the stranger, for you were strangers in the land of Egypt. (Deu. 10:18-19; NRSV)

上帝一向以公正之心对待孤儿与寡妇，他也爱外地人，让他们有饭吃、有衣穿。所以，你们也要爱外地人，因为你们以前在埃及时，也是外地人。

** At the end of every seven years you shall grant a remission of debts. This is the manner of remission: every creditor shall release what he has loaned to his neighbor; he shall not exact it of his neighbor and his brother, because the LORD'S remission has been proclaimed. (Deu. 15:1-2; NASB)

每七年你要免除别人的债务。以下是免除债务的方式：债主应免除同胞所欠的债。由于主上帝己宣布免债年，债主们就不应要求其邻人或亲戚还债。

** If anyone is poor among your fellow Israelites in any of the towns of the land the LORD your God is giving you, do not be hardhearted or tightfisted toward them. Rather, be openhanded and freely lend them whatever they need. (Deu. 15:7-8; NIV)

在上帝赐给你的土地上，若你们同胞兄弟当中，如仍有一位穷人，你对那位穷苦的同胞兄弟不可无动于衷，也不可撒手不理；你要对他大方的伸出援手，慷慨的捐助他所需要的东西。

** You shall generously give to him, and your heart shall not be grieved when you give to him, because for this thing the LORD your God will bless you in all your work and in all your undertakings. (Deu. 15:10；NASB)
你应慷慨救济贫困。不要吝于援助他们，上帝会对他所做的功德而赐福给你。

** For the poor will never cease out of the land: therefore I command you, saying, You shall surely open your hand to your brother, to your needy, and to your poor, in your land. (Deu. 15:11；WEB)
贫困人口不会从地上消失。因此，我要指示你：你必须伸出援手，慷慨援助你们的贫苦同胞。

** If your kinsman, a Hebrew man or woman, is sold to you, then he shall serve you six years, but in the seventh year you shall set him free. When you set him free, you shall not send him away empty-handed. You shall furnish him liberally from your flock and from your threshing floor and from your wine vat; you shall give to him as the LORD your God has blessed you. You shall remember that you were a slave in the land of Egypt, and the LORD your God redeemed you; therefore I command you this today. (Deu. 15:12-15；NASB)
如有任何男女同胞，委身卖到你家做仆工，他们可在你家工作六年，但第七年时，你必须放他们自由，让他们回家。当你放他们自由返家时，不可让他们空手而归，你们

应为他们准备一些酒肉食物带回家。你的酒肉食物都是上帝所赐的福,你应分出一些给他们。别忘记,你在埃及时,也是奴隶,要记得,你的主如何拯救你们。这就是为何我现在要你们马上去做济助贫困同胞这件事。

** You shall not oppress a hired servant who is poor and needy, whether he is one of your countrymen or one of your aliens who is in your land in your towns. You shall give him his wages on his day before the sun sets, for he is poor and sets his heart on it; so that he will not cry against you to the LORD and it becomes sin in you. (Deu. 24:14-15, NASB)

不要占贫困劳工的便宜,无论他们是你的同胞或是住在你国土上的外地人。你应当天日落之前付清工资,因为他们很穷,急需那份工资过活,否则他们会向我哭诉你在压榨他们,那你就有罪(sin)了。

注:济助贫困是基督教义的重心之一。依此训言看来,拖欠工资获罪(sin);若没有济穷助贫之事(看下一章第二节的Deu. 15:9),也都有罪(sin)。显然,作个实心称职的好基督徒并不容易。

** You shall not deprive a resident alien or an orphan of justice; you shall not take a widow's garment in pledge. Remember that you were a slave in Egypt and the Lord your God redeemed you from there; therefore I command you to do this. (Deu. 24:17-18; NRSV)

你不可对外地人与孤儿不公，你不可没收寡妇所典当的衣服。别忘记你当年在埃及也是奴隶，是我把你救出来的。这就是为何我要指示你要这样做。

** When you reap your harvest in your field and have forgotten a sheaf in the field, you shall not go back to get it; it shall be for the alien, for the orphan, and for the widow, in order that the LORD your God may bless you in all the work of your hands. When you beat your olive tree, you shall not go over the boughs again; it shall be for the alien, for the orphan, and for the widow. When you gather the grapes of your vineyard, you shall not go over it again; it shall be for the alien, for the orphan, and for the widow. You shall remember that you were a slave in the land of Egypt; therefore I am commanding you to do this thing. (Deu. 24:19-22；NASB)

当你在田里收成时，总会掉下一些谷穗在田裡，你不可回头收回来。应留下给外地人，孤儿以及寡妇，这样，上帝会因你做的善事而赐福给你。同样的，当你在橄榄树采收橄榄时，只采一次，就不要再采了，剩下的要留给外地人，孤儿与寡妇。当你葡萄园采收葡萄后，不要回头采得一干二净，剩下的应留给外地人，孤儿与寡妇。你应记得你还在埃及时，你也是奴隶，因此，我要你做这些事。

** Cursed be he who makes the blind to wander out of the way. All the people shall say, Amen. (Deu. 27:18；WEB)

那些故意引导瞎走错路的人，应受天谴，我们都会高声同意。

** Jesus said to him, "If you want to be perfect, go, sell what you have, and give to the poor, and you will have treasure in heaven; and come, follow me." (Matt. 19:21； WEB)
耶稣对他说，如你想达最理想的境界，你应便卖你的财富，分送给穷人，这样子你就可得到天上的财富。能如此，你就可跟随着我。

** He lifted up his eyes to his disciples, and said, "Blessed are you poor, for yours is the kingdom of God. Blessed are you who hunger now, for you will be filled. Blessed are you who weep now, for you will laugh. ……（Luke 6:20-21； WEB)
耶稣抬起眼睛对门徒说：贫穷的人有福了，因为天国是你们的了。饥饿的人有福了，你们将会得到满足。悲苦人有福了，你们终会快乐欢笑。

** Sell your possessions and give to charity; (Luke 12:33； NASB)
卖掉你的财物，然后救济贫困。

** But when you make a feast, ask the poor, the maimed, the lame, or the blind; and you will be blessed, because they don't have the resources to repay you. For you will be repaid in the resurrection of the righteous."（Luke 14:13-14；WEB）

当你备好酒席时，也应邀请残疾者，这样你就会受到福报；这些人无法回报你，但在公义复苏时，你自会受到福报。

** In all things I gave you an example，that so laboring you ought to help the weak，and to remember the words of the Lord Jesus，that he himself said，'It is more blessed to give than to receive.' (Acts 20:35；WEB)

使徒保罗说：我曾多方告诉大家，我们要尽心尽力去帮助贫弱。这也让我想起主耶稣说的话：施比受更有福。

注：大家都听过使徒保罗的这句名言：施比受有福。使徒保罗为基督教最重要的的发扬者。没有使徒保罗这样有才识，又积极宣扬耶稣精神的人，基督教恐仍是犹太教中的小教派。事在人为，保罗就是现成的实例！

** They only asked us to remember the poor-the very thing I also was eager to do. (Gal. 2:10；NASB)

先贤曾要求我们应关注穷人，这正是我得专心去做的事。

** Honor widows who are widows indeed. But if any widow has children or grandchildren，let them learn first to show piety towards their own family，and to repay their parents，for this is acceptable in the sight of God. (1-Tim. 5:3-4；WEB)

敬重那些真心遵守妇道的寡妇。如任何寡妇还养有孩子或姪辈，应让他们首先学会虔诚，然后要知道报答亲恩；这才是上帝接受的正道。

** Pure and undefiled religion in the sight of our God and Father is this: to visit orphans and widows in their distress, and to keep oneself unstained by the world. (Jam. 1:27; NASB)

一个具有纯正宗教信仰而且纯正的善人，他应关怀那些孤儿及寡妇所受的苦难，并要时时以正直无瑕处世才是正途。

** How does God's love abide in anyone who has the world's goods and sees a brother or sister in need and yet refuses help? (1-John 3:17; NRSV)

若有人富可敌国，但在见到同胞兄弟深受贫困之苦时，却没有伸出援手，上帝的爱怎会降临到这种人身上？

## 第二节：谦虚处世

基督教义的特色，除了宣扬爱人如己、济贫助弱之外，还积极倡导"谦虚"。中国古书说：谦受益、满召损。孔子还说：如有周公之才之美，使骄且吝，其余不足观也。可见无分古今中外，都极力主张谦虚，不可骄傲自大。只要看一下明世宗（嘉靖）对待蒙古俺答汗的下场就一目了然、说明一切。

在介绍谦虚的训言之前，在此特别推荐中国更好的忠

言：**谦冲自牧**。其意为：谦虚还不足持，尚须努力学习、充实自我，才是上策。一个学验俱丰，谦逊待人，自信而无虚骄之气的人，才能真正受人敬重。

** You shall remember all the way which the LORD your God has led you in the wilderness these forty years, that He might humble you, testing you, to know what was in your heart, whether you would keep His commandments or not. (Deu. 8:2；NASB)
你要记住，上帝带你们在旷野中历练了四十年，他要你们学会谦虚，接受磨练，借以验证你们是否会诚心遵守他的诫律。

** He humbled you, causing you to hunger and then feeding you with manna, which neither you nor your ancestors had known, to teach you that man does not live on bread alone but on every word that comes from the mouth of the LORD. (Deu. 8:3；NIV)
上帝要你们谦虚，受饥饿之苦，然后下食物给你，这情况不但你们从没遇见过，连你的祖先都没遇见过。这要你知道，人活着不是只为了吃，是要依照上帝的忠言而活。

** Whoever becomes humble like this child is the greatest in the kingdom of heaven. (Matt.18:4；NRSV)
（耶稣对门徒说）谁能谦虚的像这个小孩子，谁就会在天国出人头地。

** Whoever exalts himself shall be humbled; and whoever humbles himself shall be exalted. (Matt. 23:12; Luke 14:11; NASB)

任何爱好自夸的人，必受卑视；任何谦虚的人，必受讚扬。

注：这句话是耶稣向大众批责当代权贵，法利塞人及律师，高傲自大、不顾子民困苦，并劝人应谦虚处世的训言。再简介约三千年前，希伯来经书（旧约）两句劝人谦虚的实用忠言：

—When pride comes, then comes disgrace; but wisdom is with the humble.（Prov. 11:2；NRSV：骄傲之后，耻辱就到；谦虚处世才是智慧。）

—praise you, and not your own mouth; an outsider, and not your own lips. (Prov. 27:2；NIV：让别人称讚你，而不是你自夸；由外人说出来，不是你自己夸口。）

** Two men went up into the temple to pray: one was a Pharisee, and the other was a tax collector. The Pharisee stood and prayed to himself like this: "God, I thank you, that I am not like the rest of men, extortioners, unrighteous, adulterers, or even like this tax collector. I fast twice in the week. I give tithes of all that I get." But the tax collector, standing far away, wouldn't even lift up his eyes to heaven, but beat his breast, saying, "God, be merciful to me, a sinner！" I tell you, this man went down to his house justified rather than the other; for everyone who exalts himself will be humbled, but he who humbles himself will be exalted. (Luke 18:10-14; WEB)

有两个人到大庙祈祷。一个是法利赛人，另一个则是税吏。法赛人站着祈祷说：上帝啊！谢谢你让我不像其他那些恶人或奸人，更不像那个税吏。我每周禁食次，奉献十分之一的收入。但那税吏却在远处站着，眼睛甚至不敢张开面对着上天，他一面捶胸一面说：上帝啊！请你宽恕我，我是个罪人。

耶稣说：这个税吏已能进入上帝的殿堂，但那个法利赛人却不能。任何吹捧自己人，必受贬低，那些谦虚的人，必受讚扬。

注：1. 罗马帝国时代，税吏（publican）仗势凌人、上下其手，大家敢怒不敢言，是最受社会痛恨的恶人。故在寓言中，特用代表恶人的"税吏"与自视为"上帝代言人"的法利赛人做个对比。

2. 这则寓言还传达另一个重要的讯息：这个法利赛人只会做出「形式」－祈祷、禁食、奉献。那个税吏虽没有做出「形式」，却能谦诚的认过忏悔（Repent），这才更符合耶稣的信念（一个肯悔过的"恶税吏"胜过 99 个只重形式的上帝代言人；参考 Luke 15:7。）简言之：去除形式主义。

** Be of the same mind one toward another. Don't set your mind on high things，but associate with the humble. Don't be wise in your own conceits. (Rom. 12:16；WEB)

第五章：基督教义在「爱人如己」之外的特色

大家要有将心比心的共同信念。不要自视过高，应谦虚的与人共处。不要自欺，以为自己聪明。

** Be completely humble and gentle; be patient, bearing with one another in love. (Eph. 4:2; NIV)
大家要以谦逊、温和的态度处世，加上坚定的毅力，本于爱心，互相宽容。

** Do nothing from selfish ambition or conceit, but in humility regard others as better than yourselves. (Phils. 2:3; NRSV)
做任何事，不要喜好与人争锋或为虚荣而自欺欺人；却应谦虚行事，认为别人都比自己要好。

** So, as those who have been chosen of God, holy and beloved, put on a heart of compassion, kindness, humility, gentleness and patience. (Col. 3:12; NASB)
既然身为上帝的选民，自是神圣而备受恩宠，应心存慈悲、待人和善、谦冲为怀、温和无争，以及坚忍的毅力。

** God opposes the proud, but gives grace to the humble. (Jam. 4:6; NRSV)
上帝不喜欢骄傲的人，却赐恩给谦虚的人。

** Humble yourselves in the presence of the Lord, and He will exalt you. (Jam. 4:10; NASB)
在主耶稣之前要谦逊行事，他会赞扬你。

** In the same way, you who are younger, submit yourselves to your elders. All of you, clothe yourselves with humility toward one another, because, "God opposes the proud but shows favor to the humble." (1-Pet. 5:5; NIV)
同样的，你们这些年轻的人要服从长上。你们都要互相谦恭相处，因为上帝反对骄傲的人，却会赐福给谦虚的人。

** Therefore humble yourselves under the mighty hand of God, that He may exalt you at the proper time, (1-Pet. 5:6; NASB)
在上帝的恩威下，你应谦逊处世，他自会在适当的时机表扬你。

## 第三节：不可说谎（=说实话、讲诚信）

美国电视或电影中，常见人怒责对方：你说谎（You are a liar）。显然，说假话，在西方文化上，属于大恶，也是大忌。英国国会里，议员都习于自律，不可指责同僚议员为「Liar」；故通常多以「My honorable friend」等讽喻来暗示。最出名的事，就是邱吉尔用「terminological inexactitude」代替「Lie，Liar」，批责对手夸张不实的虚假言论。由此足以显示

「说谎作假」在西方文化中的严重性，这也是中西之间，微妙的文化差异，国人不可不察。

事实上，无分中外，各种人都曾说过或大或小的谎。但为何「说谎」在西方文化里，会成为特受卑视的恶行？这是因其文化根源，圣经，多处告诫，不可说谎做假。上帝的十诫就不准子民说假话害邻人。因此，不说谎，亦即说实话、讲诚信，成为西方主流社会所重视的处世原则（虽然仍有很多人说谎），尤其在商业、学术方面更是不可缺少的必要条件。或许，这就是西方人在商业、学术方面能快速成功的根本要素。现在让我们看一下 the Law（包括Old Law：律法书，及 New Law：新约）在这方面的训示。

** You shall not give false testimony against your neighbor. (Exo. 20：16；WEB)

（十诫之一）你不可做假证，陷害你的邻人。

** You shall not spread a false report. Don't join your hand with the wicked to be a malicious witness. (Exo. 23:1；WEB)

你不可撰造假证：不可与恶人联手作出伪证。

** Keep far from a false charge, and don't kill the innocent and righteous：for I will not justify the wicked. (Exo. 23:7；WEB)

你不可作出不实的指控，不可伤害无辜及好人，我不会认同为非作歹的人。

** （the LORD spoke to Moses，if he has）lied about it and sworn falsely，so that he sins in regard to any one of the things a man may do. (Lev. 6:3；NASB)

（上帝训示摩西，如有人）爱说谎话、做假誓，只要做一次，就获罪（sin）。

** You shall not steal，nor deal falsely，nor lie to one another. (Lev. 19:11；NASB)

你不可偷盗、也不可作假，亦不可互相说谎。

** Neither shall you give false testimony against your neighbor. (Deu. 5:20；WEB)

你不可伪造假证据，诬陷你的邻人。

** God is not a human being，that he should lie，(Num. 23:19；NRSV)

上帝不会像人一样说谎，……

** Why do you not understand what I am saying? It is because you cannot hear My word. You are of your father the devil，and you want to do the desires of your father. He was a murderer from the beginning，and does not stand in the truth because there is no truth in him. Whenever he speaks a lie，he speaks from his own nature，for he is a liar and the father of lies. But because I speak the truth，

第五章：基督教义在「爱人如己」之外的特色　　153

you do not believe Me.（John 8:43-45；NASB）

（耶稣对那些反对他的人说）为何你们仍不了解我说的话？你们甚至根本就不想听我讲的话。你们行事就像你们邪恶的父辈，充满恶念。他自始就是个杀人犯，心中毫无真理，自不会遵守真理。他在说谎时，就显露出他的本性。他是个爱说谎的人，也是说谎之父。我对你们说真话，你们却不相信我。

注：这是耶稣指责那些反对他，并想陷害他的犹太群众，所说的话。但这句话就成为后世基督徒，尤其是西方基督徒指责犹太人就是迫害耶稣的根据。

** Then Peter said, "Ananias, how is it that Satan has so filled your heart that you have lied to the Holy Spirit and have kept for yourself some of the money you received for the land？, You have not lied just to human beings but to God."（Acts 5:3-4；NIV）

彼得对信徒Ananias说，为何你让撒旦占据你的心，向圣灵说谎，竟私下扣留一笔出售土地的钱？……你不是对人说谎，而是对上帝说谎。

注：据使徒传说，耶稣死后升天，门徒组成教会，信徒献出私产，成为一切公有的社会（commune）。唯有一位信徒会员Ananias及其妻子，在变卖财产后，并未悉数献出，却私下保留一部份私房钱。后来终被发现，使徒彼得就责备他，为何要对上帝说谎？他吓坏了，摔倒在地上而死。这故事广为人知的原因是：文艺复

兴的艺术大师，拉斐尔（Raphael）曾把这故事画成图稿。后人就把此稿织成大挂毡，被梵蒂冈所珍藏，因而有名。因受教宗垂青，很多画家把这故事入画。梵蒂冈还有一幅用马赛克作的这张画，就在大廳的墙上，画面非常生动美丽。若不知道实情，还以为是油画。

** Do not lie to each other, since you have taken off your old self with its practices and have put on the new self, which is being renewed in knowledge in the image of its Creator. (Col. 3:9-10；NIV)
大家不可互相说谎话，因为你应己革除旧习，重作新人，你将是一位依造物主形象而造、具有新思想的人。

** Therefore, putting away falsehood, speak truth each one with his neighbor. For we are members one of another. (Eph. 4:25；WEB)
你们要戒除说谎的恶习，和邻人说话要诚实；因为我们都是社会中的一份子。

** through the hypocrisy of liars whose consciences are seared with a hot iron. (1-Tim. 4:2；NRSV)
像伪君子一样的说谎话的人，他们的良心已被烙铁烧焦了。

** But if you have bitter jealousy and selfish ambition in your heart, don't boast and don't lie against the truth. (Jam. 3:14；WEB)

如你们心存恶意的妒忌与野心，你应面对真理，不可自夸、也不可说假话。

** If a man says, "I love God," and hates his brother, he is a liar; for he who doesn't love his brother whom he has seen, how can he love God whom he has not seen? （1-John 4:20；WEB）
如有人口说："我爱上帝"，却憎恨自己的兄弟，那这个人就是个说谎的人；因为他连看得到的兄弟都不爱，怎可能会爱一位看不到的上帝呢？

** He who says, "I know him," and doesn't keep his commandments, is a liar, and the truth is not in him. (1-John 2:4；WEB)
有人说：我知上帝，却不遵守上帝的训诫，那他在说谎，他心中毫无真理。

** But for the cowardly, unbelieving, sinners, abominable, murderers, sexually immoral, sorcerers, idolaters, and all liars, their part is in the lake that burns with fire and sulfur, which is the second death. (Rev. 21：8；WEB)
那些没胆的人、没信仰的人、有罪的人（sinners）、令人憎恨的人、杀人者、卖淫者、行巫术者、拜偶像者，以及所有说谎的人，都会被丢进烧着火与硫磺的湖里；
注：这是启示录的预言。前面的训言都是"道德劝说"，但启示录则告诫"说谎"的恐布下场。这句话中，只有

说谎的人，全体一律丢进火中（请续看下一则，Rev. 22:15）。由此可见说谎的严重性。对古代西方人来说，这个"火与硫磺"（fire and sulfur）的镇摄力无与伦比，这比道德劝说还有效。

** Blessed are those who do his commandments, that they may have the right to the tree of life, and may enter in by the gates into the city. (Rev. 22:14；WEB)
力行上帝诫律的人，有福了。他们可以走近生命树，并从大门进入上帝之城。

** Outside are the dogs and the sorcerers and the immoral persons and the murderers and the idolaters, and everyone who loves and practices lying. (Rev. 22:15；NASB)
唯独狗、行巫术、败德、杀人、拜偶象及任何爱说谎作假的人，都不准进入。

## 第四节：为弱势百姓反抗政教权贵—法利赛人—实录

第一世纪，也就是耶稣在世的时代，犹太地区（Judea, or Judah；见注）虽是在罗马帝国统治之下，却有相当大的自治与自主权力。在罗马帝国初期，著名的希律大王（Herod the Great, 37-4 BC）甚至还是独立的王国。当代犹太地区是政教

合一的统治结构，其政教大权在于 Sanhedrin（可译为：元老议会，约 71 人组成，掌宗教、管理、审判等大权）。这些元老多在研习摩西的律法（the law），当代称为 Pharisees（法利赛人），在福音书中，有时也以 lawyers 或 scribes 称之。

换言之，这些人是实际的统治者。他们从律法的表面字句，曲解教义，让律法造成人民的重担及压力。耶稣注重律法的实质本意－公义（righteousness），认为律法是为人而设。因此，耶稣极力为那些深受宗教压迫的子民伸张公义。法利赛人拥有司法权，最后终将耶稣处死于十字架上。

犹太人民不堪压迫，起而反抗政教压制以及罗马帝国，甚至刺杀犹太教会的大教长（High Priest），并以其希伯来经书（即旧约）传说中的 Messiah（犹太救主）起义反抗，甚至于公元 66 年攻占耶路撒冷。

公元 70 年，罗马派大将 Titus（后为罗马皇帝）攻入耶路撒冷，敉平叛乱。还造成犹太烈士 Zealots 在著名的 Masada 山上死守三年，终而全体自尽。

罗马认为犹太宗教意识强烈，为免后患，遂下令将耶路撒冷城的犹太人悉数驱离。这是犹太人第二次的驱离（Diaspora），也是造成犹太人分散各地的主因。

其实，这次动乱的主因是受压迫的人民反抗政教统治阶层，自此，这个原来的政教体制，包括 High Priest（大教长）及所谓的法利赛人，都遭革命而消失。但各地犹太会堂（synagogue）仍持续发展，其宗教导师，通称为 Rabbi，取代 Pharisees，lawyers，etc. 而为律法的教育、解说者。

现在看一下耶稣和法利赛人争辩的情景。

注：摩西率领全体十二部族"以色列人"逃离埃及，后来约书亚率领下，进入上帝应许之地迦南（Cannon；希腊人称之为：巴勒斯坦，Palestine，因此罗马及后世人从之）。后分南北两国，南方属犹太及班哲明两部族，国名为：犹太（Judah；罗马人以拉丁文称之为 Judea，英文则为Judah）；北方是其他十族，国名为：以色列（Israel）。北国后被亚述人所灭，掳走全部族人，不知去向。南方的犹太后来被巴比伦所灭，也是掳走全部族人。约五十年后，波斯人灭巴比伦，释放犹太人返回巴勒斯坦重建家园。自此，皆以「犹太人」称之。二战后，各地犹太人再度返回巴勒斯坦建国，唯国名则不采用实际上的「Judea 或 Judah」，却决定选取足以代表全体十二部族的「以色列」。但不知去向的北国「以色列」十族人，实际上早已融入中东叙利亚等回教诸国，当今双方正在互相激烈交战杀伐中！这名称就是唐朝时，称当代"犹太人"的宗教为：一赐乐业教。

\*\* For I tell you, that unless your righteousness exceeds that of the scribes and Pharisees, there is no way you shall enter into the Kingdom of Heaven. (Matt. 5:20；WEB)

我（耶稣）告诉你，除非你的德行胜过法利赛人及律师，你永远进不了天国。

** and a man with a shriveled hand was there. Looking for a reason to bring charges against Jesus, they asked him, "Is it lawful to heal on the Sabbath?" He said to them, "If any of you has a sheep and it falls into a pit on the Sabbath, will you not take hold of it and lift it out? How much more valuable is a person than a sheep! Therefore, it is lawful to do good on the Sabbath. Then he said to the man, "Stretch out your hand." So he stretched it out and it was completely restored, just as sound as the other. (Matt. 12:10-13; NIV)

一个手枯萎了的人站在那儿。一些反耶稣的人想要陷害耶稣，就问耶稣："律法是否准许在安息日为人治病？"耶稣回答说：若你们有人的羊在安息日掉进坑洞里，你是否会把它救上来？人的身价不是比羊更高？所以律法允许在安息日做该做的正事。于是耶稣就叫那个人伸出手来，然后就像平常日子医别一样，把医好了。

** Then Pharisees and scribes came to Jesus from Jerusalem and said, "Why do your disciples break the tradition of the elders? For they do not wash their hands before they eat." He answered them, "And why do you break the commandment of God for the sake of your tradition? …… You hypocrites! Isaiah prophesied rightly about you when he said: "This people honors me with their lips, but their hearts are far from me; in vain do they worship me, teaching human precepts as doctrines."(Matt. 15:1-3, 7-9; NRSV)

此时，那些法利赛人及律师从耶路撒冷来到耶稣面前质问

他说：为何你的门徒不肯遵守以前传下来的规矩？他们吃饭时为何不先洗手？耶稣立即回答说：那为什么你们的传统规矩都偏离了上帝的诫律？……

你们都是伪君子，正如先知以赛亚说的好：这些人只是口头上礼敬我，但他们的心却离我很远。他们把人讲的话拿来当作上帝的训诫，这种方式敬拜我，岂不是虚假的。

注：这事件原是耶稣质疑那些法利赛人：上帝说要孝敬父母，你们却修改上帝的训诫，对人说：把孝敬父母的钱，献给上帝（其实就是要信徒把钱捐给大庙，）也是一样。这就是曲解上帝的诫律，然后演变成你们的传统陋习。耶稣后来还补上一句说：心中存有恶念，那才是真的污秽，如只是吃饭没洗手，这人并不脏（见Matt. 15:20）。

** Then the disciples came and said to Him, "Do You know that the Pharisees were offended when they heard this statement？" But He answered and said, "Every plant which My heavenly Father did not plant shall be uprooted. Let them alone； they are blind guides of the blind. And if a blind man guides a blind man，both will fall into a pit."(Matt. 15:12-14； NASB)

门徒对耶稣说：那些法利赛人对你刚才说的话非常生气。

耶稣回答说：只要不是上帝栽种的植物，都应拔除。就让这些人去吧，他们是一群瞎子的领路人。若是瞎子带领瞎子，结果就是双双落进水沟裡。

第五章：基督教义在「爱人如己」之外的特色　161

** Then the Pharisees went and took counsel how they might entrap him in his talk. Tell us therefore, what do you think? Is it lawful to pay taxes to Caesar, or not? Then he said to them, "Give therefore to Caesar the things that are Caesar's, and to God the things that are God's." (Matt. 22:15, 17, 21; WEB)

然后这些法利赛人走开，一起研如何从耶稣的言谈中找到话柄害他。……于是他们问耶稣：请告诉我们，你认为向凯萨纳税是否合乎律法？……耶稣对他们说：属凯萨的，归凯萨、属上帝的归上帝。

** So you must be careful to do everything they tell you. But do not do what they do, for they do not practice what they preach. They tie up heavy, cumbersome loads and put them on other people's shoulders, but they themselves are not willing to lift a finger to move them. (Matt. 23:3-4; NIV)

你们要注意看，法利赛人要你们怎么做。但你们不要学他们的样子，因为他们只说不做。他们把令人难以承受的重担，悉数推到别人肩上，而他们自己却连一根指头都不愿动。

** But woe to you, scribes and Pharisees, hypocrites, because you shut off the kingdom of heaven from people; for you do not enter in yourselves, nor do you allow those who are entering to go in. (Matt. 23:13; NASB)

律师及法利赛人啊，你们这些伪君子！就是你们闗上天国的大门，让别人进不去：这是因为你们自己进不去，却挡住想要进去的人，不让他们进去。

** You blind fools! For which is greater, the gold, or the temple that sanctifies the gold? (Matt. 23:17；WEB)
你们这些又瞎又蠢的法利赛人，到底是金子重要，还是能把金子感化成圣的大庙更为重要？

** Woe to you, scribes and Pharisees, hypocrites! For you are like whitewashed tombs which on the outside appear beautiful, but inside they are full of dead men's bones and all uncleanness. (Matt. 23:27；NASB)
律师及法赛人，可悲啊，你们这些伪君子，你们就像白色石棺，外表看来确实漂亮，但裡面却全是死人的枯骨，还充满了污秽。

** The Pharisees said to him, "Look, why are they doing what is unlawful on the Sabbath?"…… Then he said to them, "The Sabbath was made for man, not man for the Sabbath." (Mark 2：24，27；NIV)
这些法利赛人对耶稣说，你看看，为何你的门徒在安息日还在工作？这符合律法吗？耶稣告诉他们：安息日是为人而设，不是要人去配合安息日。

第五章：基督教义在「爱人如己」之外的特色　163

注：耶稣说的："The Sabbath was made for man, not man for the Sabbath," 这句话是对抗不合理的积习陋俗最令人喝采的辩解，简洁有力，值得后人钦佩、学习。

** Woe to you lawyers! For you took away the key of knowledge. You didn't enter in yourselves, and those who were entering in, you hindered." As he said these things to them, the scribes and the Pharisees began to be terribly angry, and to draw many things out of him; laying in wait for him, and seeking to catch him in something he might say, that they might accuse him. (Luke 11:52-54；WEB)

律师们，你们真可卑啊！你们握住知识大门的钥匙，自己进不去，但对想要进去的人，却百般阻挠。

耶稣说完后，这些律师及法利赛人对耶稣非常气愤，并引诱他多说些话；他们等着，期望能抓到耶稣的语病，然后可控诉他。

注：拉丁文的"知识"，也是中古世纪西方人所说的"知识"一字，是 scientiae，即英文的 science，也就是中译为"科学"的那个字，民国初年特称为"赛先生。"这字原非什么特别的字，后来西方人把天文、物理方面需要专业研究的学问，特别用"scientiae"或"science"，即"知识"来表示。英文则把 knowledge 做为古时的拉丁文的 scientiae。

** But the leader of the synagogue, indignant because Jesus had cured on the sabbath, kept saying to the crowd, "There are six days on which work ought to be done; come on those days and be cured, and not on the sabbath day." But the Lord answered him and said, "You hypocrites! Does not each of you on the sabbath untie his ox or his donkey from the manger, and lead it away to give it water? And ought not this woman, a daughter of Abraham whom Satan bound for eighteen long years, be set free from this bondage on the sabbath day?" When he said this, all his opponents were put to shame; and the entire crowd was rejoicing at all the wonderful things that he was doing. (Luke 13:14-17; NRSV)

犹太会堂裡的主持教士对耶稣在安息日为人治病一事，非常生气，并说：有六天都是可以工作的日子，你可以在任何一天治病，但不能在安息日治病。耶稣回答说：你真是个伪君子，你们每个人不都是在安息日把牛驴从栏裡牵出去喝水吗？那么这个小女子，一样也是亚伯拉罕的女儿，他已被魔鬼撒旦折磨了十八年，就在安息日这天让她脱离痛苦，不是很好吗？

当耶稣说完后，所有反对耶稣的人都感到羞愧，傍观的群众见到耶稣非凡的表现，都非常兴奋。

\*\* The scribes and the Pharisees brought a woman who had been caught in adultery; and making her stand before all of them, they said to him, "Teacher, this woman was caught in the very act of committing adultery. Now in the law Moses commanded us to stone such women. Now what do you say?" They said this to test him, so that they might have some charge to bring against him. Jesus bent down and wrote with his finger on the ground. When they kept on questioning him, he straightened up and said to them, "Let anyone among you who is without sin be the first to throw a stone at her." And once again he bent down and wrote on the ground. When they heard it, they went away, one by one, beginning with the elders; and Jesus was left alone with the woman standing before him. Jesus straightened up and said to her, "Woman, where are they? Has no one condemned you?" She said, "No one, sir." And Jesus said, "Neither do I condemn you. Go your way, and from now on do not sin again."（John 8:3-11；NRSV）

一群律师与法利赛人带着一个犯了奸淫罪的女子到耶稣那裡，让女子站在中间。他们问耶稣：师父，这个女子犯了奸淫罪，现场被捕。依据摩西的律法，她应被乱石打死。你有何高见？他们这样问，是想诱导耶稣说错话，他们就可找到话柄控告他。但耶稣却蹲着，用手指在地上涂写，好像没听到。当他们续向耶稣追问，耶稣就起来，告他们：在你们当中，那一位没犯过罪，就请他站出来，第一个向她丢石头。说完就再蹲下去，又在地上涂写。众人听了这番话，一个个，从最老的开始，直到最后一个，陆陆续续都走光了，只剩耶稣和那仍站在中间的女子。耶稣站起来，看四下无人，只有那位女子，于是就问她：那些指控妳的人呢？有没有人出来处罚妳？她说：主啊！没有。耶稣就说：我也不处罚妳，妳走吧，今后不要再犯罪了。

注：这故事不止表现耶稣的辩证机智，更展现耶稣的宽恕精神（forgiveness）以及關爱所有的人（perfect love；见 Matt. 5:43-48）。

## 第五节：一般的处世观与信仰观

在此节，不妨再多认识一些律法在处世与信仰方面的观念。

** Thou shalt not suffer a witch to live. (Exo. 22:18；KJV）
你不可容忍行巫术的人存在。

注：1. shalt = shall；suffer = permit，allow
2. KJV版用witch（女巫）。但原来的拉丁文是：maleficos，是个阳性名词。其意为男性行巫术者，即：wizards, sorcerers。「一个女巫」的拉丁文是：malefica。为何英文用：「女巫」呢？料因十六、十七世纪之间，西方盛行搜捕女巫，认定一些可怜无依的老妇为女巫而处死，这是非常不仁道的劣迹。当代观念就认为行巫术的都是"女巫"。特别是当时的英王James I（也是苏格兰的国王），在他尚是苏格兰王时，就对搜捕女巫处死非常热心。英文版圣经就是在他下令编的，所以"行巫术者"自然就为"witch"。若还有其他的原因，那就是编译英文版的人，上至国王直到编写的教士，全是男人。

** You shall not follow a crowd to do evil；(Exo. 23:2；WEB)
你不可盲从的随着众人做恶。

** If you meet your enemy's ox or his donkey going astray，you shall surely bring it back to him again. (Exo. 23:4；WEB)
即使你见到敌人走失的牛、驴，你也一定要把这头牛、驴送回给原主。

** Keep far from a false charge，and do not kill the innocent or the righteous，for I will not acquit the guilty. (Exo. 23:7；NASB)
不可发生诬陷别人的冤案，也不可杀害无辜及正直的好人，因我（上帝）不会宽容任何罪恶。

** Six days do your work，but on the seventh day do not work，so that your ox and your donkey may rest，and so that the slave born in your household and the foreigner living among you may be refreshed. (Exo. 23:12；NIV)
你工作六天，第七天就要休息，这样你的牛、驴、也可休息一下，连你家中的奴仆及外地人都可喘口气。

** You shall not take vengeance or bear a grudge against any of your people，but you shall love your neighbor as yourself：I am the Lord. (Lev. 19:18；NRSV)

对你的同胞不要心存报复的恶念，也不应怨恨；你要爱你的邻人如爱你自己；我是你的主。

** You shall rise up before the grayheaded and honor the aged, and you shall revere your God; I am the LORD. (Lev. 19:32; NASB)
你见到老人，应站起来，你要尊敬长者，并敬畏上帝，我是你的主。

** When a foreigner resides among you in your land, do not mistreat them. The foreigner residing among you must be treated as your native-born. Love them as yourself, for you were foreigners in Egypt. I am the LORD your God. (Lev.19:33-34; NIV)
如有外地人住在你的地方，你们不可排斥他。你待他应如本地人一样，而且要爱他一如爱你自己；因为你从前埃及时，也是外地人。我是上帝你的主。

** When you make a sale to your neighbor or buy from your neighbor, you shall not cheat one another. (Lev. 25:14; NRSV)
当你和同胞在交易买卖时，你们不可互相诈骗。

** Do not have two differing weights in your bag—one heavy, one light. You must have accurate and honest weights and measures, so that you may live long in the land the LORD your God is giving you. For the LORD your God detests anyone who does these things,

第五章：基督教义在「爱人如己」之外的特色　169

anyone who deals dishonestly. (Deu. 25:13，15，16；NIV)

交易时，你口袋里不应有重量不同的秤，一个大、一个小。你应该只用一个公正的秤，以及一个公正的尺。若能做到，你们就可在上帝赐给你们的土地上，过着安稳长久的日子。你的主非常厌恶那些习于诈欺以及没有诚信的人。

** You are the salt of the earth, but if the salt has lost its flavor, what will it be salted with? It is then good for nothing, but to be cast out and trodden under the feet of men. You are the light of the world. A city set on a hill can't be hid. (Matt. 5:13-14；WEB)

你们（门徒及诚心的徒众）是世上的盐。唯一旦盐失去了咸味，就再也不能当盐用了！那就毫无用处，只能丢掉，任人踩在脚下。你们就是世上的明灯，也是立于山上的大城，无法遮蔽。

注：1. 1630年，英国清教徒领袖，John Winthrop 率教友千余人乘11艘帆船大举移民北美。他说了一句名言，要建一个：**A citty upon a hill**，再说："the eyes of all people are upon us。他说的山上之城，意为建立一个新的耶路撒冷（耶路撒冷在一群山丘之上，最主要的就是 Mount Zion，中译：锡安山，不但代表「圣城耶路撒冷」，也是犹太教的精神重心）。他说的没错，从此移民北美的热潮，持续至今，从未衰减。

2. 文中的「City」，在拉丁文版（Latin Vulgate）中，为「civitas」，其通意为：citizens, community, town,

city, state，大致可表示：「聚在一起的一个族群」，但并非只是：有城墙、街道、市政府及市长的「城市」。中文及英文的：城市或 city，其拉丁文为：urbs（对比英文的Urban）。例如：著名的「罗马建城史」就是：「Ab urbe condita」。urbe 为 urbs 的变体（ablative）名词。

** You have heard that it was said, 'Eye for eye, and tooth for tooth.' But I tell you, do not resist an evil person. If anyone slaps you on the right cheek, turn to them the other cheek also.

You have heard that it was said, 'Love your neighbor and hate your enemy.' But I tell you, love your enemies and pray for those who persecute you,

If you love those who love you, what reward will you get? Are not even the tax collectors doing that?

Be perfect, therefore, as your heavenly Father is perfect. (Matt. 5:38-39，43，44，46，48；NIV)

你们都曾听说：以眼还眼、以牙还牙。但我要告诉你，不要反抗那些想伤害你的人。如果有人打你的右脸，你就连左脸也让他打。

你应曾听过：你要爱你的邻人，恨你的敌人。但我要告诉你，你也要爱你的敌人，并为那些欺负你的人祷告！

如果你只爱那些爱你的人，那你还什么值得夸奖的地方？那和税吏有何不同？

所以，你要仿习上帝完美的至爱，做到无条件去爱所有的人。

** But when you give to the poor, do not let your left hand know what your right hand is doing, so that your giving will be in secret; and your Father who sees what is done in secret will reward you. (Matt. 6:3-4; NASB)
在你救济穷人时，不要让左手知道你右手在做什么，你虽是在暗中救济穷人，上帝会在暗中见到你所积的荫德。他会给你实质的报赏。

** But whenever you pray, go into your room and shut the door and pray to your Father who is in secret; and your Father who sees in secret will reward you. (Matt. 6:6; NRSV)
你想祷告时，进到你屋子里，关上门，再向上帝祈祷；你虽在暗室，上帝也会知道。上帝见到你在暗中做的事，他会奖励你。

** And when you pray, do not keep on babbling like pagans, for they think they will be heard because of their many words. Do not be like them, for your Father knows what you need before you ask him. (Matt. 6:7-8; NIV)
在你祷告时，不要像那些异教徒，只是不断重祷空洞的字句。他们以为念这么多次总会被神听到。千万别像他们一样，因为在你祈祷之前，天父已知道你需要什么了。

** But strive first for the kingdom of God and his righteousness，and all these things will be given to you as well. (Matt. 6:33；NRSV)

你首先要追寻上帝的天国与他的公义，其他的东西自会随之而来。

注：这句话之前是说：人不要只顾追求衣食及物质。上帝连鸟类都给他们衣食，那么照上帝形像所做的人，更会受到照顾，故不要只重衣食而已。

** Don't judge，so that you won't be judged. For with whatever judgment you judge，you will be judged：and with whatever measure you measure，it will be measured to you. (Matt. 7:1-2；WEB)

不要批评别人，这样你就不会被别人批评。你怎么批评别人，别人就怎么批评你；你怎么对待别人，别人就怎么对待你。

** and said，'For this reason a man will leave his father and mother and be united to his wife，and the two will become one flesh'？So they are no longer two，but one flesh. Therefore what God has joined together，let no one separate. I tell you that anyone who divorces his wife，except for sexual immorality，and marries another woman commits adultery. (Matt. 19:5，6，9；NIV)

律法书说，男人长大后，都要离开父母，并和他的妻子结合为一体吗？至此，这对夫妻不再是两个人，而是一体

第五章：基督教义在「爱人如已」之外的特色　　173

（one flesh）。既是上帝让他们结合在一起，就不应拆散。我还要对你说：任何人休掉妻子，另娶别的女子，除非妻子犯了通奸罪，这男人就犯了奸淫罪；

注： 1. and marries another woman commits adultery 之后，在 KJV 版（及拉丁版）是：and whoso marrieth her which is put away doth commit adultery；此句的字义为：任何人娶了这个被休掉的女子，也犯了奸淫罪。在 Luke 16:18，亦是同样说法。依常理，一个被负心丈夫遗弃的弱女子，若以后有其他男人娶她，这男人就犯了「奸淫罪」？这样实在不近人情，且与教义的精神大不相同，语意难明，故未用之（一些现代英文版也没有采用）。这句话与马可福音（见后面 Mark 10:11-12）所说的语句，大为不同。但若依马可福音所说的道理，将此句写成下列型式，似就可说的过去了（或许，本来就是这个意思，前人误植而已）：and whoso married her（or, had an affair with her）which was put away did commit adultery.

｛任何男人与这个被休掉的女子，曾发生奸情，这男人就犯了奸淫罪。｝

2. 耶稣说完这话后，他的门徒就公开表达不敢苟同之意，并表示：如果夫妻是这样的话，不如不要结婚（Matt. 19: 10, The disciples said to him, "If this is the situation between a husband and wife, it is better not to marry."）

耶稣就回答说：不是人人都能受我这些观点，恐只是有心人才可以（Not everyone can accept this word, but only those to whom it has been given）。后一句的英文意思不易了解，须借拉丁原文了解其意：, sed quibus datum est；英文字译：but, which / he whom, gift / present, (it) is. 其意思是说：有天赋、有德、有心人才可以。从这段经文就可知道耶稣是从男女平等的观念而说的话，连他的门徒都无此胸怀（料任何站在爱女儿、有妈妈、友姊妹的男人，无论其信仰，都会同意稣的观点）。

** Then Jesus said to him, "Put your sword back into its place, for all those who take the sword will die by the sword." (Matt. 26:52; WEB)
耶稣就对他（使徒彼得）说：收回你的剑。爱用刀剑者，必死于刀剑。

** Salt is good; but if salt has lost its saltiness, how can you season it? Have salt in yourselves, and be at peace with one another. (Mark 9:50; NRSV)
盐是好东西，但若盐失去了碱味，你们还会用它来调味吗？你们要保持自己的盐味，并且要和别人和平相处。

** But at the beginning of creation God 'made them male and female.' 'For this reason a man will leave his father and mother and be united to his wife, and the two will become one flesh.' So they are no longer two, but one flesh. Therefore what God has joined together, let no one separate. (Mark 10:6-9; NIV)

自太初起，上帝就造了男人与女人。因此，一个男人长大后，就要离开父母，并和妻子结合，成为一体。既是上帝配好的夫妻，就不容人拆散。

** And He said to them, "Whoever divorces his wife and marries another woman commits adultery against her; and if she herself divorces her husband and marries another man, she is committing adultery." (Mark 10:11-12; NASB)

耶稣对门徒说：任何人抛弃妻子而另娶别人，他就犯了奸淫罪；如果一个女子背弃丈夫而另找男人，她就犯了奸淫罪。

注：耶稣这句话指出，无论夫或妻另结新欢，同样都犯奸淫罪。在古时大男人为主的社会裡，耶稣能有这种男女平权的思想，极其难得。

** Give therefore to Caesar the things that are Caesar's, and to God the things that are God's. (Matt. 22:21; WEB)

上帝的归上帝、凯萨的归凯萨。

注：1.这句话的拉丁原文更为简明有力（一如有些简洁的文言文，读来生动有力。）附上原句及英文字译。

quae sunt Caesaris Caesari et quae sunt Dei Deo

(what, are, Caesar's, to Caesar and, what, are, of God, to God)

2. 西方知识阶层的基督徒，就凭这一句话倡言政教分离，教会及神职者不涉入俗世的政治。这是善于操弄权谋，集政教权力于一体的东方（如：康士坦丁堡的罗马帝国与俄罗斯）与回教国家（如：奥图曼土耳其）难以办到的事。

** Behold, a certain lawyer stood up and tested him, saying, "Teacher, what will I do to inherit eternal life?" He said to him, "What is written in the law? How do you read it?" He answered, "You shall love the Lord your God with all your heart, with all your soul, with all your strength, and with all your mind; and your neighbor as yourself." He said to him, "You have answered correctly. Do this, and you will live."（Luke 10:25-28; WEB)

一个律师站起身来，想试探耶稣而问：师父，我要怎么做才会获得永生？耶稣就问他，律法是怎么说的？是否请你念一下？

这律师就念着说：你要全心全意全力去爱你的主，上帝；还要爱你的邻人一如爱你自己。

然后耶稣就告诉这律师：你答的对，只要你肯做这件事，你就可得到永生。

** Someone asked him, "Lord, will only a few be saved?" He said to them, "Strive to enter through the narrow door; for many, I tell you, will try to enter and will not be able.

Then you will begin to say, "We ate and drank with you, and you taught in our streets.'But he will say, " I do not know where you come from; go away from me, all you evildoers!' There will be weeping and gnashing of teeth when you see Abraham and Isaac and Jacob and all the prophets in the kingdom of God, and you yourselves thrown out. (Luke 13:23-24, 26-28; also see Matt. 7:21-24; NRSV)

有人问耶稣：主啊！是不是只有一部份人才会得救？耶稣说：人人都想费劲通过得救的大门，但我告诉你，很多人想进去，但进不去。

然后这些人又说：我们跟着你共食共饮，并在街上听你讲道。耶稣回答说：我不认得你们，也不知你们从那儿来，你们这些专做不公不义之事的恶人，快离我远一点！到时候，你们会见到亚伯拉罕、列祖列宗以及古圣先贤都在天国，而你们却不进去，只能咬牙切齿的哭泣。

注：耶稣在这段经文以及 Matt. 7:21-24 都表明说，不是人人都能进天国，没有力行律法，没有公义的恶人，都进不去的。

** Don't seek what you will eat or what you will drink; neither be anxious. (Luke 12:29; WEB), But seek ye first the kingdom of God

and his justice: and all these things shall be added unto you. (Luke 12:31；This sentence is from "Douay-Rheims Catholic Bible")
不要只顾追求锦衣玉食，都不值得担忧应先追求上帝的天国和他的公义，其他所有东西你自会得到。

注：请对照Matt. 6:33；在拉丁原版的 St. Luke 则说：quaerite primum regnum Dei et justitiam ejus（seek, first, kingdom, of God, and, justice / righteousness, his；应先追求上帝的天国和他的公义）。不知为何KJV版，以及其他英文版就濫掉" justitiam"（justitia 的受格：公义）一字。为维持原意，特将Luke 12:31引用当代Douay-Rheims Catholic Bible英文版的句子。

** for behold, the kingdom of God is within you. (Luke 17:21；WEB)
请注意，天国就在你的心中。

** They answered him, "Our father is Abraham." Jesus said to them, "If you were Abraham's children, you would do the works of Abraham. (John 8:39；WEB)
众人（犹太人）说：我们的祖先是亚伯拉罕。耶稣回答说：你们既然自视为亚伯拉罕的子孙，你们就应仿校祖先做的善功。

** Do we, then, nullify the law by this faith？Not at all! Rather, we uphold the law. (Rom. 3:31；NIV)

是否只要信了神，就可以不顾律法？绝对不行！因为我们全民同意这部律法。

** Honor one another above yourselves. (Rom. 12:9-10；NIV)
大家要互相尊重，甚于只顾自己。

** Never pay back evil for evil to anyone. Respect what is right in the sight of all men．be at peace with all men. (Rom. 12:17-18；NASB)
不要恶恶相报。大家应遵守公认对的事。与大家和平共处。

** for the kingdom of God is not eating and drinking，but righteousness，peace，and joy in the Holy Spirit. (Rom. 14:17；WEB)
在天国里，不是酒肉吃喝，却是充满公义、和平，以及享受圣灵之下的喜悦。
　注：此句中英文的 Joy（喜悦），其拉丁版（The Latin Vulgate）原文为：gaudium，含义颇广，一个是通常说的：joy、delight（喜悦、快乐之意）；另外就是：everlasting blessedness、happiness（永久的幸福）。

** to make the Gentiles obedient，by word and deed，(Rom. 15:18；KJV）
若要外邦人心服口服，就得靠坦诚的言与行。

** You see and hear that not only in Ephesus, but in almost all of Asia, this Paul has persuaded and turned away a considerable number of people, saying that gods made with hands are no gods at all. (Acts 19:26；NASB)

使徒保罗对众人说：凡是用人手做出来的东西，就不可能是神。这番话，不止在以弗所，几乎在整个小亚细亚，已成功劝服很多人，并改变了他们的观念。

注：当代以弗所及小亚细亚的希腊人所敬拜的女神原是古希腊狩猎的女神，Diana（希腊人称之为：Artemis；罗马人称为Diana）。但已变成满身都是乳房的女神，从狩猎女神一下变成丰收富饶的女神。神由人造，果然！

** Yet I wish that all men were like me. However, each man has his own gift from God, one of this kind, and another of that kind. (1-Cor. 7:7；WEB)

我希望每个人都和我一样，但事实上，每个人都从上帝那裡得到一些独特的天赋，有些人有某方面的天赋，有些人则有另方面的天赋。

** When I was a child, I spoke as a child, I felt as a child, I thought as a child. Now that I have become a man, I have put away childish things. (1-Cor. 13:11；WEB)

当我还是孩童时，我说话像个小孩，推理能力像个小孩，思想也像个小孩。但我现在已是个大人了，就应去除过去

第五章：基督教义在「爱人如己」之外的特色　181

幼稚的言行。

** Do not be yoked together with unbelievers. For what do righteousness and wickedness have in common? Or what fellowship can light have with darkness? (2-Cro.6:14; NIV)

你们不要与不同信仰的人共负一轭；试想，一个正直无私的人如何能和一个奸邪自私的人在一起共事？再看看，光明和黑暗怎能同时存在？

** There is neither Jew nor Greek, there is neither slave nor free man, there is neither male nor female; for you are all one in Christ Jesus. (Gal. 3:28; WEB)

大家不要再分你我，无论是犹太人或希腊人，奴隶或自由人，男人或女人，你们在耶稣基督感召下，都是一家人。

注：这里说的「Greek」（希腊人），是指犹太人以外的外邦人。自亚历山大东征以来，中东地区接受希腊文化，希腊文成为统治及知识阶层的流通语文（故泛称为：希腊人。）

** For you were called to freedom, brethren; only do not turn your freedom into an opportunity for the flesh, but through love serve one another. (Gal. 5:13; NASB)

兄弟们，你们都在倡言自由；但不应把"自由"滥用于放纵私欲方面，而是要基于爱心，诚意的互相帮助。

** But let every man prove his own work, and then shall he have rejoicing in himself alone, and not in another. For every man shall bear his own burden. (Gal. 6:4-5；KJV)
每个人都应做好自己份内的事，做到自己满意，而不是为了别人。每个人都要承担自己的责任。

** Thieves must give up stealing; rather let them labor and work honestly with their own hands, so as to have something to share with the needy. (Eph. 4:28；NRSV)
窃贼不要再偷窃了。他们应去工作，用双手诚实谋生，这样他们还会生产多余的物资，分送给贫困者。

** Masters, give to your servants that which is just and equal, knowing that you also have a Master in heaven. (Col. 4:1；WEB)
主人应以正义与公平对待仆人，要知道，你们也有一个在天上的主人。

** neither did we eat bread for nothing from any man's hand, but in labor and travail, working night and day, that we might not burden any of you; For even when we were with you, we commanded you this: "If anyone will not work, neither let him eat." (2-Thes.3:8, 10；WEB)
我们不能白吃别人的饭。我们应勤奋工作，这样我们就不会成为别人的负担。……任何人如不肯工作，就没饭吃。

** He must be one who manages his own household well, keeping his children under control with all dignity (but if a man does not know how to manage his own household, how will he take care of the church of God?) (1-Tim. 3:4-5; NASB)

他必须善于管理自己的家——讓小孩知道自尊自律、服从听话，如果他们连自己的家都管不好，如何能指望他们照料上帝的教堂？

注：这句话与中国的：齐家而后国治；或齐家治国，异曲同工。

** They forbid people to marry and order them to abstain from certain foods, which God created to be received with thanksgiving by those who believe and who know the truth. For everything God created is good, and nothing is to be rejected if it is received with thanksgiving, (1-Tim. 4:3-4; NIV)

很多人主张不要结婚，也戒吃荤食。其实结婚、肉食都是受自上帝所创造的事物，要承认并了解这个事实真相，并抱持感恩的心态去接受事实。上帝创造的任何事物，都是好的，如以感恩之心去接受，没有理由拒绝。

注：1. "abstain from certain foods" 在此译为：「戒吃荤食」，实因 KJV 版是 "abstain from meats"；在当代 KJV 版则解释为好吃的 "肉食"。但拉丁版则为 abatinere a cibis；Cibis 为 "food, a meal" 的多数词。古时希腊文化之一就是宴饮酒色，所以会有酒神、爱神，还有享乐

（epicurean）。若以现代眼光看希腊神话，多是：色情与暴力（试看雅典娜与维娜丝的诞生故事）。在此背景下，自会产生另一极端，包括戒色与戒荤，还有著名的苦修学派（Ascetic，罗马皇帝奥理略都是信徒），大为盛行。随着希腊文化的盛行与潜移默化，苦修、戒色、戒荤遂成为入圣的一种形式，同时也进入基督教文化之中。

2. "abstain from certain foods"（戒吃某些食物）；在基督教、回教，及其根源的犹太教，同样都是依据希伯来经书（即：旧约）的训示而来，例如：

   * （Lev.10-9）：不可喝酒或强味饮料，当你们在圣所时；

   * （Lev.11-3，4）:可吃分裂蹄及反刍的兽（clovengooted, and cheweth the cud），如牛、羊；但是骆驼虽有反刍，却非分裂蹄，所以他不清洁（he is **unclean** unto you），你不能吃；

   * （Lev.11-7）：猪虽有分裂蹄，但不反刍，故他不清洁（he is **unclean** to you），不能吃；

   * （Lev.11-9，10）：有鳍及鳞的水中动物（fins and scales in the waters）都可吃；所有无鳍无鳞的水中动物都不洁（abomination unto you），不可吃{据此，鱼可以吃，但虾、蟹、蛤、干贝则因不洁而不可吃）。

** What good is it, my brothers, if a man says he has faith, but has no works? Can that faith save him? And if a brother or sister is naked and in lack of daily food, and one of you tells them, "Go in peace, be warmed and filled;" and yet you didn't give them the things the body needs, what good is it? Even so faith, if it has no works, is dead in itself. (Jam. 2:14-17; WEB)

如有人说他具有宗教信仰，没有做任何善功。诸位兄弟，这样子够好吗？光有信仰就得吗？今若有兄弟妹贫困的无衣无食，而你们有人却这样说：请平静生活，让自己温暖而充实；但你却不给他任何他急需的东西。请问，这样什么用？若只单有宗教信仰，却没做善功，这种信仰是死的。

** But, according to his promise, we look for new heavens and a new earth, in which dwells righteousness. (2-Pet. 3:13; WEB)

正如上帝所许诺，我们盼望一个新天地，裡面尽是公平与正义。

** Whosoever committeth sin transgresseth also the law: for sin is the transgression of the law. (1-John 3:4; KJV: committeth = commits; transgresseth = transgresses)

任何人违犯了律法（the law），就有罪了（sin）：因为违犯律法就是犯了罪（sin）。

\*\* All unrighteousness is sin，(1-John 5：17；NASB)

所有不公不义之举就是罪（sin)。

**注**：依此定义，Sin 的意思看来简单明了。

# 第六章：
# 审判－断是非、别善恶，维护人间公义

> "Give the members of your community a fair hearing, and judge rightly between one person and another, whether citizen or resident alien. You must not be partial in judging: hear out the small and the great alike; you shall not be intimidated by anyone, for the judgment is God's." (Deu. 1:15-18; NRSV)
>
> "你们应公正的去审理同胞的案情，并对双方当事人，无论他是本国人或外地人，都要做出公正的判决。在判决案件时，你必须公正，不可因人而异，无论是小民或权贵，你应一视同仁的处理；不管面子多大，你不要怕任何人；因为审判权是上帝的，由你代为判案。"

中国有很丰富的道德论述，但在审判，或判案、听讼方面，并非中国的主流文化。古时读书人没有人会把讼案的缘由与程序，当作学问来研讨。在中国的主流文化裡，仅在

于：讲道德、说仁义，只期望：必也使无讼乎。因此，中国在司法审判方面的文化传承以及公正程度，有所不足。令人感慨的是：有人出了差错，无论什么罪，都是皇上或当权官员一人说了算。纵使有先皇钦定的贞观律、大明律、大清律，都不发生实效。

例如唐朝时，中国文化的守护人，韩愈。他见举国迷恋崇佛，皇帝宪宗还亲迎佛骨，助长迷信成为风气，耗费大量金钱，加重百姓百负担，于是上书劝谏皇帝。皇帝大怒，将予处死。幸诸大臣极力相救，才改而贬为潮州刺史。还有明朝的青官，海瑞，他见皇上（嘉靖帝）沉溺于迷信长生，不理朝政，遂备棺死谏，立遭下狱，仅免一死。这些皇帝当时都没想到先皇，唐太宗的「贞观律」，或明太祖的「大明律」。连皇上都不会依先皇立下的皇律来辨案，手下百官更不会了，自然也就不会产生「依法辨事、凭律判案」的观念与文化了。

明太祖，朱元璋，为防宦官干政，特在宫门前立下铁碑，明言宦臣不得干政。不过百年，这块铁碑就被权宦，刘瑾（1451-1510；就是「正德皇帝」，明武宗时期）给拆下丢弃。由此看来，即便是开国先皇钦定、亲书的「铁碑皇律」都抵不过当朝权官的权力，于是百姓及百官更难指望从「皇律」中寻得公正，只得无语问苍天了！

再看民间的戏剧，如苏三起解的「崇公道」；还有赤桑镇的包公唱道：「按律严惩、**法制申张**，我坐开封执掌国法，杀赃官、除恶霸，**伸雪冤枉**」，观众纷纷拍手叫好。处处都可反映中国百姓对审判「公道」、「法制申张、伸雪冤

枉」的渴望，以及对「国法」的殷切期待。

因此，在「法制」尚未根植于中国社会及民心之前，若想习得西方司法审判的实质成效，实应从西方的 Law 以及审判的文化根源，the Law（Torah、lex、律法），做为研习、借镜的起步，却非只求引进西方现成或新潮的「法律」、判例、法制，就期望有成。

西方人（特别是日耳曼、法兰克、盎格鲁撒克逊蛮族人）的文化根源是基督教，基督教（与回教）则都是源于犹太教及其希伯来经书（即旧约）。从旧约中，就可窥知审判是其文化的重要元素。

旧约有一章是「士师记」，介绍古代以色列的领导人。读论语就知道：柳下惠为士师。「士师」这职务是典刑狱、诉讼之官，亦即判官。孟子还说出一个很先进的观念：为士师则可以杀之。意思是只有「Judge」才有权依律判生死（可惜这观念自古以来未能生根发扬，至为遗憾）。但古时以色列人对其领导人则称之为「士师」（法官、判官）。

就中国而言，讼案的判官和国族的领导人是不相干、也是不同地位的职务。但对古代以色列人就不同了，摩西（及其继承人）身为上帝代言的领导人，不但转达上帝的诫令，还代上帝审判犯法者。他有权断是非、判生死，位尊而权重，故尊称为「Judge」（士师），即大判官、大法官之意。这观念自然传给那些西方蛮邦人。著名的英王亨利二世（Henry II，1154-1189 在位）重视国王的司法审判权。他和教会相争，重点就是在争审判管辖权（jurisdiction）。他甚至自

得的称自己是法官中的法官。

西方神学者从基督教义的基础上，不断发展出新的论述。最有名、影响最大的人就是十三世纪的艾奎那（Thomas Aquinas，1225-74），他是罗马教会的教义权威，他最重要著作就是神学总览（Summa Theologiae），是后世西方教士、学者必读的教材，请参阅附录一：艾奎纳（Thomas Aquinas）名著：Summa Theologiae；Law及Justice节录。他在书中对Law有详尽的解说。

他解说审判的功用为：如要确知某种行为是否符合律法，必须靠审判来裁决。易言之，审判就是为了维护律法及社会公义的方法。他在八百年前的论述仍然流传至今，诸如：原告必须出庭，让被告面对指控他的人。这观念也构成西方法律的基本精神，亦即：不可未经原告、被告双方面对面的辩驳及审判程序就判人入罪。此外还有：未经审判定案，应视他为好人（debemus eum ut bonum habere：We must hold / consider him good），罪有疑点，轻罪处分（meliorem partem interpretando quod dubium est：To interpret with the better part whenever it is doubtful to him）。

从正面看来，西方人从八百年前艾奎那的律法理论，经过宗教改革，从注重仪式念经，转而重视教义中的道德信念；加上理性启蒙，经过辩证，甚至文争武斗的历练，才逐步演进成今日西方的司法审判体系，深具渊源，绝非一蹴而就、平白而来。

# 第一节：「法官－Judge」代上帝判是非；以及分层负责、分权行事

中国最享盛名的「法官」，无疑就是戏裡的包公了。包公剧长久以来广受大众喜爱，无非是因为他公正无私、不畏权势，开铡驸马，甚至还打皇帝的龙袍。戏裡包公的角色无非就是民间对「法官」的期待。现在试看一下，西方法律根源中，对「法官」的期许，以及对审判的解说（见第二节）。

** It happened on the next day, that Moses sat to judge the people, and the people stood around Moses from the morning to the evening. When Moses' father-in-law saw all that he did to the people, he said, "What is this thing that you do for the people? Why do you sit alone, and all the people stand around you from morning to evening?" Moses said to his father-in-law, "Because the people come to me to inquire of God. When they have a matter, they come to me, and I judge between a man and his neighbor, and I make them know the statutes of God, and his laws." Moses' father-in-law said to him, "The thing that you do is not good. You will surely wear away, both you, and this people that is with you; for the thing is too heavy for you. You are not able to perform it yourself alone. Listen now to my voice. I will give you counsel, and God be with you. You represent the people before God, and bring the causes to God. You shall teach them the statutes and the laws, and shall show them the way in which they must walk, and the work that they must do. Moreover you shall provide out of all the people able men, such as fear God: men of truth, hating unjust gain; and place such over them, to be rulers of thousands, rulers of hundreds, rulers of fifties, and rulers of tens. Let them judge the people at all times . It shall be that every great matter they shall bring to you, but every small matter they shall judge themselves. So shall it be easier for you, and they shall share the load with you. If you will do this thing, and God commands you so, then you will be able to endure, and all of these people also will go to their place in peace." So Moses listened to the voice of his father-in-law, and did all that he had said. Moses chose able men out of all Israel, and made them heads over the people, rulers of thousands, rulers of hundreds, rulers of fifties, and rulers of tens. They judged the people at all times . They brought the hard causes to Moses, but every small matter they judged themselves. (Exo. 18:13-26; WEB)

摩西坐在大位审判民众。这些人从早到晚一直站着等候摩西。当摩西的岳父见到他竟然这样处理人民的讼案，就惊奇的问，你处理人民的事务，怎会弄成这样子？

摩西回答说：当他们有争执就会来到我这裡；我就在他们之间，判定是非曲直，我的工作是要他们确实知道上帝所立的法规，以及律法。

此时，摩西的岳父就告诉他说：你这样做并不好，……这样做对你造成很大的负担；你不能光靠你一个人去完成，……我来给你一些意见。

你应在你的人民当中，找一些能干的人，……让这些人做为士师（即：判官及领导人，）分别为千夫长，百夫长，五十夫长以及十夫长。让他们全责分担各自的审判权如后：他们只有把非常重大的案件才呈送给你来处理，其他较小的案情，由他们处理；这样的话，他们可以分担你的工作，你就会轻松许多。

因此，摩西就听从岳父的建议，照他的话去做。摩西从色列人中，选出能干的人，让他们当众人的士师（判官及领导者），分别为千夫长、百夫长、五十夫长、十夫长。他们全权负责自己辖下的审判案件，只有重大案件才呈报给摩西，其他较小的案件都他们分别审理。

注：西方（特指英德法体系国家）异于东方、亚非的特质文化之一，就是他们的「分权体制」（其另一面就是「分层负责」）。试看二战期间，即使美国在欧亚两面作战，美国总统罗斯福照样去宾州休闲山庄渡假，醇酒妇人，愉悦舒畅。英相邱吉尔到美国商讨战事后，旋即享受龙虾大餐，乘机休息。但玄妙的是战局丝毫不受影响，国政仍然顺利进行。西方的领袖及官员都能如此公开"偷闲"又不受责的唯一原因，就是他们具有「分权与分层负责」的特色文化及传承，其社会早已建成一套成熟而健全的「Law」，包括：明文规

则（statute）与习性上共有的潜规则。

就中国文化下的体制及习性而言，主事者「事必躬亲、巨细靡遗、不眠不休、鞠躬尽瘁」，才是正规。古时周公就以「一饭三吐哺、一沐三握发」而成为后世的典范（这倒有点像摩西，只是没有一个相同的岳父）。

其实，中国古书也有倡言让属下拥有充分行政权力，才能治理政事。例如：中庸，在哀公问政时，孔子就曾直言：「在下位，不获乎上，民不可得而治矣」。只是后人没有引用孔子这句话作为治国的准则而已。

** So I took the leaders of your tribes, wise and reputable individuals, and installed them as leaders over you, commanders of thousands, commanders of hundreds, commanders of fifties, commanders of tens, and officials, throughout your tribes. I charged your judges at that time: "Give the members of your community a fair hearing, and judge rightly between one person and another, whether citizen or resident alien. You must not be partial in judging: hear out the small and the great alike; you shall not be intimidated by anyone, for the judgment is God's. Any case that is too hard for you, bring to me, and I will hear it." So I charged you at that time with all the things that you should do. (Deu. 1:15-18; NRSV)

（摩西对子民训话）我在你们各族中选出一些领导者，把

聪明又有名望的人做为你们的士师（判官及领导人），分别担任千夫、百夫、五十夫及十夫的领导官员。

我已授权并要求你们的士师：你们应公正的去审理同胞的案情，并对双方当事人，无论他是本国人或外地人，都要做出公正的判决。在判决案件时，你必须公正，不可因人而异，无论是小民或权贵，你应一视同仁的处理；不管面子多大，你不要怕任何人；因为审判权是上帝的，由你代他判案。如果案情难辨，就交给我，由我来审理。到时我就会告诉你该怎么办。

注：因为 the law（律法）为上帝所立，是否违犯律法，自应由上帝来裁定。但上帝不言，故选定公正无私、知道律法的 Judges 代为裁决。法官既是代上帝判案，因此摩西特为告诫：身为「Judge」（士师、法官；当代的领袖、领导），位尊而任重，必须公平公正，才不辜负上帝的信赖与恩宠。这正如中国古书叙说一怒而安天下之民的文王，「天降下民，作之君、作之师，惟曰：其助上帝，宠之」。请注意，因为先有「其助上帝」，才能受「宠之」。

** You shall appoint for yourself judges and officers in all your towns which the LORD your God is giving you, according to your tribes, and they shall judge the people with righteous judgment. You shall not distort justice; you shall not be partial, and you shall not take a bribe, for a bribe blinds the eyes of the wise and perverts the words of the righteous. Justice, and only justice, you shall pursue, that you may live and possess the land which the LORD your God is giving you. (Deu. 16:18-20; NASB)

你的主,上帝,要在你们各地的族人当中,选出士师(法官及领导人)。这些士师在审判时必须公正。不可做出不公不义的判决,不可因人而遍私。更不可收取贿赂,因为贿赂会蒙闭智慧扭曲公义。

一切都要讲公义,这样你才能在上帝赐给你的土地上,过着长治久安的生活。

** He is the Rock, his works are perfect, and all his ways are just. A faithful God who does no wrong, upright and just is he. (Deu. 32:4; NIV)

上帝就像盘石,他做的东西都是至善至美;他的裁决一向公正无私;他是一位真诚无瑕的上帝,他代表公平与正义。

# 第二节:旧约(Old Law)与新约(New Law)的审判观

罗马教会的教义权威,阿奎那(Thomas Aquinas),将旧约称之为 Old Law(旧法);新约为 New Law(新法)。十七世纪,这些西方人在制定法律时,都是依据律法(the Law; Old Law and New Law)为本,有的甚至明言,如有不周时,以圣经所言为依据。由此可见旧约与新约对西方的法律所产生

的影响力。今略看一下旧约与新约中的审判观。

** Whoever steals an ox or a sheep and slaughters it or sells it must pay back five head of cattle for the ox and four sheep for the sheep. "If a thief is caught breaking in at night and is struck a fatal blow, the defender is not guilty of bloodshed; but if it happens after sunrise, the defender is guilty of bloodshed."Anyone who steals must certainly make restitution, but if they have nothing, they must be sold to pay for their theft. (Exo. 22 :1-3; NIV)
若有人偷走别人的牛羊，然后宰杀或出售，这小偷必须以一头牛赔五头牛，或一头羊赔四头羊的方式赔偿。
如这小偷在夜晚行窃时，被捉到而遭打死，打死小偷的人，不算杀人而无罪。
但若此案件发生在日出之后的白天，打死小偷的人就犯了杀人罪。但这小偷则必须赔他所偷的东西。如他一无所有，无法赔偿，他应被卖掉作为赔偿。

** If a man gives his neighbor money or goods to keep for him and it is stolen from the man's house, if the thief is caught, he shall pay double. If the thief is not caught, then the owner of the house shall appear before the judges, to determine whether he laid his hands on his neighbor's property. (Exo. 22:7-8; NASB)
有人把钱交给邻人或其家人保管，若这笔钱被偷了，如抓到这个窃贼，他就要加倍赔偿。若不能抓到窃贼，那么就

应把保管的人带至法官之前，请法官查验是否这个保管人把钱拿走了。

** When you give testimony in a lawsuit, do not pervert justice by siding with the crowd, and do not show favoritism to a poor person in a lawsuit. (Exo. 23:2-3； NIV)

在讼案中，你不可附合众人，作出扭曲公正的证词；在讼案中甚至连穷人都不应刻意遍袒。

注：如只看第二句，Exo. 23:3，恐易生疑问。原来的拉丁文句是：pauperis quoque non misereberis, ；句中的 quoque，放在 pauperis 之后为：even and actually（甚至连……之意）。pauperis 为穷人，misereberis 为同情、可怜。意思是要做到真正的公正，甚至不可只因为是穷人就扭曲公义而偏袒。律法用各种不同语法讲来讲去，其重心只有一个字：公正－Righghteousness。这就是「审判」的核心元素。

** You shall not deny justice to your poor people in their lawsuits. (Exo. 23：6： WEB)

你不可在穷人的诉讼中，扭曲正义。

** You shall do no unrighteousness in judgment: you shall not respect the person of the poor, nor honor the person of the mighty； but in righteousness shall you judge your neighbor. (Lev. 19:15； WEB)

在审判时你不可做出不公不义的判决：你既不可袒护穷人，也不可迎逢有权势者；你应公正无私的审判你的邻人。

** You shall do no unrighteousness in judgment, in measures of length, of weight, or of quantity. (Lev. 19:35; WEB)
无是在审判、丈量、重量、测量等各方面，你们都不可做出不公不义之举。

** Anyone who takes the life of someone's animal must make restitution—life for life. Anyone who injures their neighbor is to be injured in the same manner—fracture for fracture, eye for eye, tooth for tooth. The one who has inflicted the injury must suffer the same injury. Whoever kills an animal must make restitution, but whoever kills a human being is to be put to death. (Lev. 24:18-21; NIV)
如有人杀了别人的家畜，他应赔偿，一畜抵一畜；如有人伤害邻人，他怎么伤害别人，他就得受同样的处罚。以伤害还伤害、以眼还眼、以牙还牙，正如他让别人受什么伤，受害人就可让他受什么伤。
如有人杀了别人的家畜，他就得赔偿；如他杀了人，他就得偿命。

** You shall have one law for the alien and for the citizen: for I am the Lord your God. (Lev. 24:22; NRSV)

你们应只有一部法律，适用于全体，包括外地人与本地人，我是你主，上帝。

** (The LORD said to Moses) If a man dies and has no son, then you shall transfer his inheritance to his daughter. If he has no daughter, then you shall give his inheritance to his brothers. If he has no brothers, then you shall give his inheritance to his father's brothers. If his father has no brothers, then you shall give his inheritance to his nearest relative in his own family, and he shall possess it; and it shall be a statutory ordinance to the sons of Israel, just as the LORD commanded Moses. (Num. 27:8-11; NASB)

（上帝训示摩西）一个人死后没儿子，他就应把财产给他的女儿们。如他没有女儿，他可把产传给他的兄弟。如他没有兄弟，他可把财产传给他父亲的兄弟。如他父亲没有兄弟，他可把财产留给家族中最近的亲戚，让他取得财产。上帝指示摩西：速将我这个裁决传达给以色列子民，今后要他们遵守这个规则。

注：本句中的「statutory ordinance」，在 KJV 钦定版是「statute of judgement」。如第一章第一节所述，「judgment」以今日眼光来看就是：case law（判例）。这案件起因于名为 Zelophehad 的人，无子但有五个女儿。他死后，其财产被其兄弟瓜分而去，女儿们拿不到分文财产，就愤怒的向摩西投诉。古时的习惯是传子，但律法并无明文规定。故摩西请示上帝，上帝就

做出"裁决"—「judgment」。上帝至尊，且至公至正，其 judgment 自是公正（故judgment在教义中亦做"公正"之意），对摩西等，下级判官及以后案例都有约束力，自是英文的「statutory ordinance」。时至今日，以色列上级法院的判例就具有约束力（但在美国，判例具有高度参考性，并无强制性）。

** One witness is not enough to convict anyone accused of any crime or offense they may have committed. A matter must be established by the testimony of two or three witnesses. (Deu. 19-15；NIV)

任何人被控告为犯罪的案件中，如果只有一个证人，那并不足以证明他犯罪，必须要有两个或三个证人出面作证，才能构成犯罪。

注：1. 在 Deu.17：6 则说：On the testimony of two or three witnesses a person is to be put to death, but no one is to be put to death on the testimony of only one witness. 总而言之，必须有充分人证（或证据）才能定罪，尤其是死罪，人命关天，更要慎重行事。

2. 十六世纪的西方，如英美德，都流行猎杀女巫。当代各国都有立法，还明言：若有不明之处，则以圣经的上帝之意为判案依据。那么法庭判决处死「女巫」的「证人」，到底是如何说服法庭？

** If a man marries a woman who becomes displeasing to him because he finds something indecent about her, and he writes her a certificate of divorce, gives it to her and sends her from his house, (Deu.24:1; NIV)

一个男人娶了妻子，过了一段时间，他发现妻子有些缺点，不再喜欢她了。此时，这男人就可以写下一纸休书，交给妻子，就离婚了，然后让她离开家门。

注：这条律法明显遍袒男人，对弱女子显然不公。这是律法书（the Law）的明文规定，属 statute（参见前面，Num. 27:8-11，judgment）。耶稣和法利赛人争论时，法利赛人想要为难耶稣，就特意拿此条文，要求耶稣表态（见Matt. 19:3；因为不论耶稣说是或不是，都会有语病）。

** When a man takes a new wife, he shall not go out with the army nor be charged with any duty; he shall be free at home one year and shall give happiness to his wife whom he has taken. (Deu. 24:5; NASB)

一个新婚男子可不必立即上战场打仗。也不必把重担指派给他。他在婚后一年之内，可免服这些重役，好让他和新婚妻子享受一段美好时光。

注：Law（法律）应以人性为依归，这则条文就是实例。

第六章：审判－断是非、别善恶，维护人间公义　　203

** If a man is caught kidnapping any of his countrymen of the sons of Israel, and he deals with him violently or sells him, then that thief shall die; so you shall purge the evil from among you. (Deu. 24: 7; NASB)

如有人拐走以色列同胞的孩子，把他当赚钱工具或卖给别人，这个贼该处之以死；你应在你们当中，消灭这种邪恶的人。

** The fathers shall not be put to death for the children, neither shall the children be put to death for the fathers: every man shall be put to death for his own sin. (Deu. 24: 16; WEB)

父母不必因为孩子犯的罪而遭死罪；孩子也不必因其父母犯的罪而处之以死。每个人都要为他自己的罪（sin）负责。

** When people have a dispute, they are to take it to court and the judges will decide the case, acquitting the innocent and condemning the guilty. If the guilty person deserves to be beaten, the judge shall make them lie down and have them flogged in his presence with the number of lashes the crime deserves, but the judge must not impose more than forty lashes. If the guilty party is flogged more than that, your fellow Israelite will be degraded in your eyes. (Deu. 25:1-3; NIV)

若两人发生争执，他们应把案件送到法庭，请法官审理他们的纠纷，由法官判定谁是谁非。做错的人如该处以鞭

刑，法官要令他扒在地上，依据他的过失，该抽几次鞭子就当场对他抽打几次。但法官判决的鞭刑不可超过四十次。如鞭刑的次数超过了，那你就是眼睁睁的在贬损你的同胞兄弟。

注：为防抽打次数超过四十下，古以色列人抽鞭子至多只抽39下，避免过头。

** 'Cursed is he who distorts the justice due an alien, orphan, and widow.' And all the people shall say, Amen. (Deu. 27: 19；NASB)
在审判时，对外地人、孤儿、寡妇做出不公不义的判决者，应受天谴；大家都会高呼同意！

** Woe to you, scribes and Pharisees, hypocrites! For you tithe mint and dill and cummin, and have neglected the weightier provisions of the law: justice and mercy and faithfulness; but these are the things you should have done without neglecting the others . (Matt. 23:23；NASB)
可悲啊！你们这些律师及法利赛人，都是伪君子！你们只注意律法规定薄荷、茴香、小茴香应上缴十分之一的税，却疏忽律法更重要的东西，那就是：公义、慈悲，以及虔诚的信仰；这些都是你们该做的事，却不是把那些重要的事摆在一边不管。

** But it is easier for heaven and earth to pass away, than for one dot of the law to become void. (Luke 16:17；NRSV)
宁可让天地走失，也不能让律法缺损了一撇。

** Don't judge according to appearance, but judge righteous judgment. (John 7:24；WEB)
审判时，不可只看问题表面就下判决，应以公义来断案。

** it was not the custom of the Romans to hand over anyone before the accused had met the accusers face to face and had been given an opportunity to make a defense against the charge. (Act 25:16；NRSV)
依照罗马人的司法习惯，任何「被告」必须经过「面对指控他的原告」，并对其控告有机会作出辩解的程序之后，才能判定是否有罪。

**注：**1. 这则「law」是西方法律的主流精神之一，即：任何被告都应可面对"指控他的人"，并作出辩解之后，法官才能据以量刑定罪。换句话说，不能光凭一方之词（包括：政府、权贵）指控某人有罪，就是有罪，不经审判程序，径行处刑。这也是西方经常诟病东方、亚非诸国司法之痛点。

2. 从罗马十二表法，第九表、第六条，未经审判程序，不得判处死罪；即可看出这正是罗马人的法律习惯（但这只是：有此条文，古罗马并未真正实行）。

\*\* For when the Gentiles, which have not the law, do by nature the things contained in the law, these, having not the law, are a law unto themselves: Which shew the work of the law written in their hearts, their conscience also bearing witness, and their thoughts the mean while accusing or else excusing one another. (Rom. 2:14-15；KJV)

那些没有律法的外邦人，他们的行事却会自然而然符合律法的要求；他们虽然没有明文的律法，但他们却有自己型式的律法：他们的行事规矩已写在心中，由良心指使着他们，他们的思想让他们知道什事该做，什么事不该做。

注：1. 保罗说的这一句话，就成为十三世纪，罗马教会的教义权威，艾奎那（Thomas Aquinas）解说 Natural Law（中译：自然法）的来源与基础。本句称，外邦人依其「良心」为行事准则。这个「良心」就是孟子说的：人皆有不忍人之心，或恻隐之心。至于这个心，就是人类「心之所同然者」，也就是：将心比心的同理心。

2. 中国古书说：「天生蒸民，有物有则，好是懿德」，大意是说，「有万物还要有规则才足以顺利运行，这就是众人称颂的道德」（难怪孔子会大为称赞的说：为此诗者，其知道乎！）。这些训言、规矩，后世通称为：道德，其实都是从人类最基本、将心比心的自然心态所发展而出的法则，不是什么高不可攀、望之生畏的圣道伟德，只是一些实

用的道理而已。因此，the Law 或律法、道德，本身并不复杂，也不高深难懂。

** Do we then make void the law through faith？God forbid：yea，we establish the law. (Rom. 3:31；KJV)

我们有了信仰就可以不要律法吗？这样的话，恐天理难容，因为是我们大家共同订下的律法。

注：we establish the law，拉丁原文是：legem statuimus；legem 是法律（lex）的受词，statuimus 是单数动词"statuo"的多数词，意为：establish，set up，制定之意。但 statuimus 是不特定的多数词。应是：「大家共同订立」较接近原意，以免误导为：「我们几个大人物所订立」。

「God forbid」，其拉丁版为：「absit」，是 absum（to be absent / far from / removed；远离、不要）的 subjunctive（假设语态）。大意为：Far from the thought of God，并非英文直译为中文的「上帝禁止」。但这「God forbid」已成为英文的简俏片语，意为：a wish that something may not happen；类似：Perish the thought! 犹如中文说：但愿不至如此！想都别想！死了这心吧！

** Thus a married woman is bound by the law to her husband as long as he lives；but if her husband dies，she is discharged from the law concerning the husband. Accordingly，she will be called an adulteress if she lives with another man while her husband is alive. But if her husband dies, she is free from that law, and if she marries another man, she is not an adulteress. (Rom. 7:2-3; NRSV)

依据律法,一个已婚女子在丈夫活着时候,与丈夫一体。唯如丈夫死后,依照律法,她已不再与其丈夫一体。

因此,当她丈夫还在时,若她去找别的男人,她就犯了奸淫罪。但她丈夫过世了,她就不再受这条律法的限制。她可和别的男人结婚,未犯淫罪。

注:无分中外,古时都是男人的社会。女子丈夫死了,社会不容改嫁。使徒保罗依律法说明守寡的妇女可以再嫁,并不违法。他作出符合人性的解说。

## 第三节:律法及审判的目标:
## The Righteousness of the God
## (世界大同)

从前文看来,律法和审判的终极目标,就是要打造一个充满公义的社会。耶稣就说过,人在世上要追求两件事,一个是:Kingdom of God(天国),另一个则是 his righteousness(上帝的公义;见Matt. 6:33)。新约中就说,天国里,不是酒肉吃喝,却是公义、和平、快乐与幸福(见第三章、第二节,Rom. 14:17 及注解)。显然,人世间的共同愿望,不管在天上或地上,就是期待一个充满公平与正义的「公义、和平及幸福的社会」。

耶稣曾直言，不是人人都可上天堂，只有遵行上帝律法的人才能进天国。即使跟着他、听他说道的人若是多行不义（work iniquity），仍进不了天国，耶稣还斥责他们远离他（见Matt. 7:21-24；Luke 13：23-28）。据此而言，天国里不会有无义的恶人（workers of iniquity），盗窃乱贼绝迹。

一个讲就公义的社会，邪恶难存，自是和平无争、幸福快乐，这就是人间净土、公义天堂。现在让我们再花些时间先看一下，旧约及新约的律法条文中，对「公义」（righteousness）的论述：

** Then he believed in the LORD; and He reckoned it to him as righteousness. (Gen. 15:6； NASB)
亚伯拉罕（Abraham）自此信服上帝，上帝也认为亚伯拉罕是位公义的人。

** For I have chosen him, so that he may command his children and his household after him to keep the way of the LORD by doing righteousness and justice, so that the LORD may bring upon Abraham what He has spoken about him. (Gen. 18:19； NASB)
（上帝表示）我已选中亚伯拉罕，要求他能指导其子孙及家族能像他一样，遵奉上帝的训示，力行公平与正义，这样的话，上帝就可把许诺亚伯拉罕的事，予以实现。

** Or what great nation is there that has statutes and judgments as righteous as this whole law which I am setting before you today？（Deu. 4：8；NASB）

（摩西向子民说）还有那个国家会如此伟大，拥有我从上帝所传下的律法，都是充满了公义的法规和训示？

** It will be righteousness for us if we are careful to observe all this commandment before the LORD our God，just as He commanded us. (Deu. 6：25；NASB)

如我们能完全遵行上帝所订下的诫律，那我们就是符合公义的正人君子。

** For Moses writes about the righteousness of the law，"The one who does them will live by them."（Rom. 10:5；WEB）

摩西对律法的公义叙述如下：力行公义的人，可因公义而长存。

** From now on，there is stored up for me the crown of righteousness，which the Lord，the righteous judge，will give to me at that day；and not to me only，but also to all those who have loved his appearing. (2-Tim. 4：8；WEB)

主耶稣是公义的裁判，自今起，他会为我保存公义之冠，终有一天会赐下给我；但不会只是给我而已，而是送给所有等待他及公义重现的人。

** Your throne, God, is forever and ever; The scepter of uprightness is the scepter of your kingdom. You have loved righteousness, and hated iniquity. (Heb. 1:8-9; WEB)
上帝啊！你的统治将永垂不朽；在你统治之下的王国，都是公义。你一直热爱公义，痛恨不公不义。

** But, according to his promise, we look for new heavens and a new earth, in which dwells righteousness. (2-Pet. 3:13; WEB)
正如上帝所許諾的，我們盼望一個新天地，裡面都是公平與正义。

此外，容我们再花些时间看一下旧约其他章节中，对公义的渴望：

- And He will judge the world in righteousness; He will execute judgment for the peoples with equity. (Psalm 9: 8; NASB）
他(上帝）将以公义审判世界，他要用公正的裁决，让人民获得公义。

- For the LORD is righteous, He loves righteousness. (Psalm 11:7; NASB）
公正的上帝喜欢公义。

- Clouds and thick darkness surround Him; Righteousness and justice are the foundation of His throne. (Psalm 97:2; NASB)

  云和黑暗环绕在上帝的四周，他管辖下的一切，就是正义和公平。

- The LORD is righteous in all his ways, (Psalm 145：17; KJV)

  上帝自始至终完全就是公义。

- ……They will beat their swords into plowshares and their spears into pruning hooks. Nation will not take up sword against nation, nor will they train for war anymore. Everyone will sit under their own vine and under their own fig tree, and no one will make them afraid, （Micah 4:3-4 NIV; also see Isaiah 2:4）

  他们将化刀剑为犁锄，化枪矛为农具；任何国家都不会对别的国家开战，他们以后再也不必去学战争之事。人人都可坐在自家的葡萄藤下，和自家的果树下，安居生活，再也不必担心别人侵犯。

  注：此句是古先知 Micah（音：MAI-ker）的预言。这句消弭人类战争的话，深深感动了俄国大文豪，托尔斯泰。这一类的和平、反战思想，让他对沙皇及俄罗斯东正教会极为不满。后一

第六章：审判－断是非、别善恶，维护人间公义　213

句话（人人都可坐在自家葡萄藤下，安居生活，再也不必担心别人侵犯），则是美国开国总统，华盛顿，与友人的通信中，经常引述的一句话。这类以中国古人所说：「把酒话桑麻」。其实，无分古今中外，这就是百姓最卑微的共同愿望（却往往也是奢望）。或许由于华盛顿心存此一善念，让他毫不恋栈「美利坚国王」的权势与地位，毅然返回老家，安享「坐在自家的葡萄藤下，把酒话桑麻」，不必担心别人侵犯的生活。

- See, a king will reign in righteousness, and princes will rule with justice. (Isa. 32:1；NRSV)

  看！以后有位国王会以公义治国，而统治者都是公正廉明的管理国事。

  注：此句是古先知 Isaiah（音：ai-ZAI-r）受上帝的天启而说出的预言。基督徒都认为，这些古先知的预言（特别是先知 Malachi 的预言）都是以后会出现耶稣基督的预言。

- I am the LORD who exercises lovingkindness, justice and righteousness on earth；for I delight in these things," declares the LORD . (Jeremiah 9:24；NASB)

> 我是发扬互爱、正义与公义于世界的上帝；这些都是我所乐于做的事。

在以上基督教义的经典中，讲来讲去就是盼望一个上帝期许的公义天国，或是人间净土的公义社会（new heavens and a new earth, in which dwells righteousness）。这个公义社会是怎么样的呢？只说是充满了：公义、和平、快乐与幸福，不会有无义的恶人，但尚未作出进一步的说明。

不过，古中国对这个人间净土的公义社会却有相当具体的说明，那就是礼运大同篇，特录之如后。

唯先要指出，本书虽是介绍西方的文化根源，但在书中特意提出礼运大同篇的目地，在于提醒中国文化下的人，那些蛮邦人是从实行其文化根源中的古训，然后才能脱颖而出，成为文明先进。其实，中国自家古籍中，也有许多同样足以发扬光大的思想。只是以往没有把古人的思想继续探讨、演进发扬，开创出含有中国文化本质的「Law」以及「愛－智慧」（哲学），至为遗憾！

> 大道之行也，天下为公。选贤与能，讲信修睦。故人不独亲其亲，不独子其子；使老有所终，壮有所用，幼有所长，矜、寡、孤、独、废疾者，皆有所养；男有分，女有归。货，恶其弃于地也，不必藏于己；力，恶其不出于身也，不必为己。是故谋闭而不兴，盗窃乱贼而不作，故外户而不闭，是谓「大同」。

第六章：审判－断是非、别善恶，维护人间公义

从大同篇看来，中国远祖也同样盼望一个充满公义、幸福的大同社会。但这个大同社会的先决条件就是社会存有公义，有了公义才会有大同，两者并存。很不幸，中国数千年来，总是公义难彰。只要从宋朝的岳飞、明朝贵为大将军的于谦、袁崇焕、清末北洋海军的舰长方伯谦〔请参阅附录三：英国大宪章及依法治国的浮沉简录〕以及六君子事件，都可见到许多冤狱无处诉、公义难伸的实景。

那么要如何才能达成一个具有公义的大同社会呢？这么大的问题实已超出本书的论述能力，尚无能耐作答。虽然无法回答，本书却可把西方社会的成功实例，介绍如后，供国人参考：

今日世界，幸福指数最高的国家就是北欧的芬兰、丹麦、挪威及瑞典。他们是后进的蛮邦，却出现：「人不独亲其亲、子其子，矜寡孤独废疾者，皆有所养，盗窃乱贼而不作」，进入中国古书所说的大同世界，即使虽不近，也亦不远矣！

这些后进蛮邦人本身的历史文化中，并无律法，也没有礼义、大同。唯前往这些国家旅游小住的人，都会发觉中国古圣先贤、父母师长常教我们的为人处事之道，也就是前面说的古训，包括：诚信待人、守法守序、和睦友善、洒扫清洁、不贪取别人财物，都可在其普通百姓、升斗小民的日常生活中，到处可见，而且早已成为国民的习性。从这几个北欧小国的成功实例看来，无论是公义社会或大同世界，甚至一个真实的社会主义天堂，显然都是可以实现的美景。

依据这些后进蛮邦的成功实例，任何国家，无论是落后小邦或文明古国，若有志于北欧的大同公义社会，其必要条件自应是全体人民，无分地位财富，都在默默实行前述的为人处世之道，从日常生活的小处做起，成为普及的习惯，蔚为社会风气，料想这才是迈向成功的第一步。因此，全体国民的教化以及培育而出的习性，或称之为「文明素质、知识水平」，自是进入大同公义社会的必要条件。

最后，依照「国者人之积」的观念，让我们复习一句律法，作为结语：

（For the Law:）So keep and do them, for that is your wisdom and your understanding in the sight of the peoples who will hear all these statutes and say:

**Surely this great nation is a wise and understanding people.** (Deu. 4:6；NASB)

你们一定要遵守并力行这些律法，当世人见到你们实行律法的情景后，在他们眼中，你们都很有智慧与见识，他们都会说：这真是个伟大的国家，有这么多具有智慧与见识的人民。

# 第七章：
# 罗马十二表法，The Law of the Twelve Tables

## 第一节：罗马十二表法小史

前面已经充分介绍西方法律的根源，基督教的律法－the Law。西方法律的另一根源，就是罗马法的源头，十二表法（拉丁文：Leges Duodecim Tabularum；英文：Twelve Tables）。现在让我们认识一下古罗马十二表法的历史渊源与条文。

Leges 是拉丁文「法律」的复数词，单数则为 lex。这个 lex 也是拉丁文圣经中，「律法」（the Law）之意。由于中西文化背景的差异，中文分成「法律」及「律法」两个不同概念的字 ｛中文所称的「律法」、「法律」，在西方拉丁文化体系内，是：lex（law），or leges（laws）。「道德」，在拉丁文中，另有其字：「moralia」（英：morals），却包含于 "Torah、the law、lex" 之中。｝

古罗马时代，人分贵族（Patrician）与庶民（Plebian）两种阶层。贵族当然就是田连阡陌的地主，他们集聚在一起，

就喜欢征伐邻邦，横夺别人财富。替他们打仗的兵源，自然就是庶民。这些贵族对庶民阶层也是尽情压榨。这些庶民组成的士兵自然不满，设法抗争；而最好的抗争方式就是打仗对阵时，集体息战不前进。在这种抗争方式下，贵族不得不设法安抚这些庶民。于是，约在公元前451年，这些贵族宣称组成十人小组，前往当代文明先进的希腊去取经（据称是为了仿习西元前6世纪的希腊著名的政治改革者Solon，解放贫穷农奴之事迹）。他们回来后，贵族终在公元前449年，推出这部号称保护庶民权益的法律，共十二项及细则，以安抚庶民，并刻在铜板上（也有人说：象牙，石板上），以招公信。此后，罗马人就称此法为十二表法：Leges Duodecim Tabularum，或简称：Duodecim Tabulae。

很不幸，在公元前390年，法国的高卢人（Gauls）劫掠罗马，破坏并毁弃此十二表，不知去向。目前所传世的十二表法，都是自十四世纪的文艺复兴之后，从各种文献中的断章残篇，四处收集而来。既然原本早已遗失，这些零散收集而来的条文，自然不会完整，文意也不十分明确，但至少代表古罗马人曾经订立明文法律的史迹。

罗马十二表法的来源充满了传奇与轶事。故事主要来源之一，就是古罗马时代著名的历史学者，Titus Livius（约59BC-17AD，与罗马帝国开国皇帝，屋大维；63BC-14AD，大致同时）。英文多称其姓为Levy，广为西方历史学者所熟知。他最著名的历史著作就是：Ab Urbe Condita，英文意为：from、city、built / put up；中文可称为，「罗马建城录」。据

第七章：罗马十二表法，The Law of the Twelve Tables

他书中所述，十二表法是刻在铜板上（其实应为铜片上）。从近代义大利出土古文物显示，当代重要法令都是刻在铜片上，故铜片的可信度极高。

但话说回头，这部法典自订立起，到底有没有带给古罗马人，或罗马帝国人，公平与正义呢？答案已如前述，完全没有！因为如果古罗马社会存有公义，或其法律能行的话，就不会有地主贵族持续欺压庶民阶层，也不会有权贵争权杀人而不受制裁，甚至不会有罗马帝国这回事。这并非危言耸听，请见第八表：「凡盗窃而得到的东西，永远不能合法拥有」；但罗马帝国的财富多靠劫掠外邦而来，包括犹太国，尚且建立胜利记念碑庆祝，记念碑至今仍在。

再看一下著名的罗马法学家 Marcus Tullius Cicero（中译：西塞罗；106 BC-43 BC），以及 Domitius Ulpianus（英文为：Ulpian；170 AD-228 AD），都是本人高谈法律正义，自己却死于非法的杀害；还有一些良心贵胄，想主持社会公平与正义，偏袒庶民阶层，结果不是被害、就是放逐，公义了然无存。这与后世西方人盛赞「罗马法」的情景，极具讽刺。

不止于此，若罗马帝国的法律足以发生作用、稍存公义，那么外来穷人的基督教根本不可能在境内快速流行，还成为主流的国教。当康士坦丁大帝攻占罗马称帝，发现司法不公，总是施延时日，为补救民怨，特让基督教的主教也有审判权。当代主教尚属公正，依基督教义迅速作出合宜判决，赢回不少人间公义。

当代贵族所订的十二表法，只在于安抚及敷衍那些受压

迫的庶民。传说中派人去「希腊」，其实只是去义大利南方的希腊殖民地（义大利南端及西西里岛都是希腊文化的殖民地，希腊古庙至今仍存；大家都知道「希腊」的数学家，阿基米德；义大利人可没争着说他是「义大利人」）。而且这些法条也不过就是当代罗马社会的通常习惯与行事规距，并非从希腊引进什么先进的 Solonian 改革法规。

既然十二表法早已遭毁而遗失，又徒法不足以自行，为何仍受西方如此重视？学术论文不计其数？

首先，这部十二表法本身虽然遗失，但此法代表当代社会的行事、审判的习惯与观念。罗马历代法学家（jurists），包括著名的 Ulpianus，都曾依据这些法律案件，作出许多研究及评论。更重要的是后世罗马皇帝还依据此法订立罗马帝国的国家法典。今特简述重要的后续法典如下：

- 西方的罗马幼儿皇帝，Valentinian III（425-450 在位），在母后 Galla Placidia 的摄政下（就是确立三位一体，独遵基督教为国教的罗马皇帝，狄奥多西的女儿），于 426 年，下诏规定法庭判案，都要依据 Ulpianus 等，五位著名法学家所作的评论，作为判案的准则。这些评论就是著名的 lex citationum（英文：Law of Citations）；

- 不久之后，东方罗马帝国皇帝，Theodosius II（402-450，在位；生于 401 年），在 438 年，召请当代法学家，并参考 lex citationum，完成一部法典，通称为 Codex

Theodosianus（详见第一章），但不受历史的重视；

- 至 527 年，著名的罗马皇帝查士丁尼，为统一帝国的基督教信仰，召请基督教学者以基督教义为中心，参考 Codex Thiodosianus，再以拉丁文编订著名的查士丁尼法典 Codex Justinianus（英文：Code of Justinian；后世亦统称之为：Corpus Juris Civilis），通令全国遵奉。最重要的部份有两个：
    - The Codex：将罗马皇帝 Hadrian（117-138在位）以来皇令，汇编而成。
    - The Digests，or the Pendects：对各种法律项目的解说。唯这部「法律」与今日大家所知的「宪法、刑法」不尽相同，却有几分神似罗马教庭的 Cannon Law。

- 大致在 750 年之前，义大利这些西方拉丁地区，仍在东方的罗马帝国的严格管控之下；知识阶层的教士，也都把皇帝颁订的查士丁尼法典当作日常经典来阅读、研究，并作出眉批及评论。唯自 751 年，东方罗马帝国的势力终被一支哥德蛮族，仑巴底人，驱离，撤底退出拉丁西方。但许多教士仍持续研读这份拉丁文法典。这部法典的内容仍残存于西方基督教学者教士圈内。后来在欧洲第一所经教宗加持的大学，University of Bolongna，就在研习教会法（Cannon）以及查士丁尼法典，Corpus Juris Civilis（多统称之为罗马法，包含

十二表法)。文艺复兴之前，北义大利的商业城邦兴起，城主都爱聘请那些熟悉罗马法的教士学者（通称为 Commentators），协助订法以治理政事。自此，罗马法，尤其是查士丁尼法典，对西方产生极大的深影响。后来欧洲大陆国家，如法、德，都基于罗马法，制定本国法律，通称之为欧陆法系。

由此简明传承，就可了解这份罗马十二表法也是西方俗世法律最原始的明文法典，自然就倍加珍视了。

西方人自十八世纪理性启蒙后，其知识阶层（包含资产地主阶层）以反抗罗马教会起家，还多视基督教为迷信落伍之事，故积极主张政教分离，并设法将宗教思想及势力撤底隔离于俗世的政治、教育体系之外。在此背景下，罗马法（指罗马人自古以来所订的各种法律，包括：十二表法直至查士丁尼法典），英国的大宪章，等这些较具俗世性的「法律」，就特别受到西方学界及政界的推崇。

这里说的西方，是指盎格鲁撒克逊、法兰克、日耳曼三个蛮邦人所建的国家，后来成为文明先进及帝国主义者。西方知識階層進行政教分离，避谈基督教及其教義，卻自视其文化源自希腊、罗马，源遠流長，一脉相承，根深而叶茂，披靡天下。所以罗马法自然就成为西方人的显学。

就罗马法最初的「十二表法」和罗马法顶峰的「查士丁尼法典」而言，这两者最大不同之处为：十二表法为不含神性的俗世「法律」；而查士丁尼法典则是罗马皇帝以他的基

督教信仰为中心所编修的法典。

再以「十二表法」和基督教的「律法」相较而言，除了神性和俗世性的差别外，十二表法仅为法律条文，但基督教的律法则含有很多为人处世及审判方面的道德训示。还有更大的不同在于十二表法规范人民的行事准则，做错了该如何处分；而律法除了这些行事准则外，还对社会提供许多启发性的忠言，例如大家所然熟知的：爱人如己、助人济贫、谦虚悔过。在看完下列十二表法条文后，再与前面的「律法」稍作对比后，自可察觉两者的层次，确实有所不同；诸如：律法鼓励帮助穷人，遵行道德，重视人性及公义，等事项，为十二表法，甚至汉莫拉比法典，等已知古法所无。

当然，现代西方国家的法律体系已上轨道，堪称足以保护人民的权益；但其源头的罗马法，从十二表法直到查士丁尼法典，都是徒法不足以自行，既无法阻止权势富贵者的违法谋私，亦难维护弱势者的权益，造成严重的社会问题与动乱，终至亡国而后己。

从西方学者所推崇的罗马十二表法或罗马帝国的查士丁尼法典，直迄今日西方的法律，同样都是社会的行事规则，为何在号称辉煌文明的古国－罗马，不能成功；而那些西方蛮邦人，盎格鲁撒克逊、法兰克、日耳曼，所建的国家，却能成功？让法律足以自行！他们成功、失败的关键在那里？相信这些问题才是值得其他国家的知识阶层及决策者，在寻取「法治」与「社会公义」的主要课题。

十二表法原文虽已损毁，但有许多条文仍被后人所引用，故大部份得以复原。但还有许多条文散见于罗马帝国初期的历史学家及法学专业学者（jurists）的著作中，包括前述的 Livius（Levy），Cicero，Ulpian 等历史名人。因此，目前流行于世的十二表法，大致上可分为两个部份，一是大致上属于原来的条文，另一部份则是在著名人物的著作中，引用而来。

　　为认识十二表法，特摘选属于原来的条文如后。为保持原样，以拉丁文列出，并将每个拉丁字都附上英文字意。但许多条文极其简略（试想，要刻在铜片或石板上，字愈少愈好），难解其意。幸而这些条文都曾被罗马历代法学家注释、说明而留传后世，让后人了解其意。

　　每则条文的拉丁文字，都注明英文字意，再写出条文的中文大意（恕此中译仅能「达意」，如欲深入了解，恐得从英文字译中，研究其真义）。此外，从古罗马时代名人著作中，引用而来的条文，也简明引用重要者数则，以供参考。这些引用的部份，在每则之前都以方括号 **[By Cicero]** 注明来源。

# 第二节：罗马十二表法（The Law of the Twelve Tables）（拉丁版）

## Leges Duodecim Tabularum (Laws, 12, Tables)

### Tabula I (Table 1)

- si in ius vocat, ito. ni it, antestamino. igitur em capito.

    *if, in, the rule / justice, (he) calls / summons, go (future, imperative), if not, go (present, indicative), testimonium (witness / testimony), then / therefore, here! / there ! / them, seize / take hold*

    如传唤某人至法庭，他必须去。若不去，只要有人证，然后就可抓他。

- si calvitur pedemve struit, manum endo iacito .

    *if, deceive / trick, on foot, build / construct, hand, on to / for to, cast / throw*

    如他想借故逃走，可把他抓回来。

- **si morbus aevitasve vitium escit, iumentum dato. si nolet, arceram ne sternito.**

    *Eternity / old aged, defect / disability, to be (he is), mule / draft of animal, given; if, do not, covered carriage / ambulance, lest / in order not to, spread / lay out with a blanket*
    如果他有病或年老的障碍，给他一头动物载他来；如果还是不行，可提供运人的轿子，但不必备以毡毯。

- **assiduo vindex assiduus esto. proletario iam civi quis volet vindex esto.**

    *Rich landowner, defender / protector / claimant, landowner, to be (imperative, active); proletarian / low cass people, already, citizen / fellow citizen, who / anyone who, want / wish, defender / protector / claimant, to be (imperative, active)*
    有产业的地主，恒为有产业的地主阶层；而无产业的庶民，恒如是。

- **rem ubi pacunt, orato. ni pacunt, in comitio aut in foro ante meridiem caussam coiciunto. com peroranto ambo praesentes. post meridiem praesenti litem addicito. si ambo praesentes, solis occasus suprema tempestas esto.**

    *the matter / affair, where / wherein, (they) agree, pray / announce; if not, agree, in, place in Forum, or, in, Forum / Court of justice, before,*

第七章：罗马十二表法，The Law of the Twelve Tables

*noon, lawsuit / case, make go / insert / meet to discuss; together, conclude, both, present / existing*

*after, noon, present, suit, be propitious / assign; if, both, present, sun, setting, high / last, weather / time, to be*

当案件受各方同意时，（请裁决官员－magistrate）大声宣告「同意」；若不同意，在中午之前，让各方在裁判所或集会场，（当着裁决官之面）申诉各自的案由；双方都要在一起讨论案情。

到下午，（若一方未出庭）出庭的一方获胜诉；这案件最晚要在太阳下山时刻之前，结束。

## Tabula II (Table 2)

- **morbus sonticus aut status dies cum hoste quid horum fuit unum iudici arbitrove reove, eo dies diffissus esto.**

  *illness, serious, or, situation, days, together / along with, foreigner / enemy, who / which, these, (it) was, one, the judge, arbitrator / arbitrarily, ?? again ??, to that point / by that reason, days, put off / defer / deny, to be*

  如遇重病,或在当天踫上与外国人有关的案件时，该案的法官或仲裁者，可因此而延后审理。

- **cui testimonium defuerit, is tertiis diebus ob portum obvagulatum ito**

  *which / who, testimony / witness, wanting / lacking, this / he, third, day, for / in front of, port / gate, the summons addressed to a person to appear as a witness before court / demand aloud, go / walk*
  任何人需要证人时，每隔三天就可到其家门口去招唤他。

## Tabula III (Table 3)

- **aeris confessi rebusque iure iudicatis XXX dies iusti sunto.**

  *debt, admit liability, and things, uprightly / by right, give judgment, 30, days, lawful / proper, to be / (they) are*
  承认欠债或有欠债事实者，在法定期限三十天内还债。

- **post deinde manus iniectio esto. in ius ducito. ni iudicatum facit aut quis endo eo in iure vindicit, secum ducito, vincito aut nervo aut compedibus XV pondo, ne maiore aut si volet minore vincito. si volet suo vivito, ni suo vivit, qui eum vinctum habebit, libras faris endo dies dato. si volet, plus dato.**

  *after, next place / then, hands, put in / inoculate, to be; in / regard to, the right, lead / command, unless, give judgment / conclude, make, or, who / anyone, according to / in regard to, to that point, in, by right / rightfully, vindicate / avenge, with him, lead, bind / fetter, or, fetter, or, shackles, 15, weighting, not to, greater, or, if, want / wish, smaller, bind / fetter (vincio; future, active); if, wish / want, his own / property, be alive / live (imperative, active 2nd / 3rd person), if not, his own / property, be alive / live (indicative, active, 3rd person), who / what / how / in what way, him, bind / fetter (vincio; perfect, passive), have / hold, roman pounds / scales, speak / say, according to / regard to, days, give away, if wish / want to, more, give*

在此之后，债主可用手抓住他，并可带他去法庭受审；除非判决是还清欠债，或有任何人能担保还债，债主可带他回去，用不超过15磅重量的手铐或脚镣，钳住欠债者，若债主愿意，亦可用轻一些的镣铐。如欠债者愿意，可自谋生活；如不自谋生活，债主每天要给那个被铐住的人一单位重量（罗马的单位）的食物。如愿意，可多给一些。

- **tertiis nundinis partis secanto. si plus minusve secuerunt, se fraude esto.**

    *third, market, part, cut / divide, if, more, more or less, cut / sever, himself, deceit / crime, to be,*

    至第三个市场开门日，债主就可分割欠债者的财物，如果拿的过多，这样就有罪了。

- **adversus hostem aeterna auctoritas esto.**

    *against / facing, foreign / enemy, eternal / everlasting, authority /*

*power, to be*
禁止外地人拥有财产权，永久有效。

## Tabula IV (Table 4)

- **Cito necatus insignis ad deformitatem puer esto**

  *quickly / soon, kill, distinguished / eminent, according to / about / up to, deformity, child / boy*（注：女孩：puella），*to be*
  对有明显畸形的（男）孩子，要迅速杀掉。

- **si pater filium ter venum duit, filius a patre liber esto**

  *if, father, son*（注：daughter：filia），*three / three times, sale, make / do, son, from / before, father, free from, to be*
  如果父亲有三次卖掉儿子，这儿子此后就脱离父子关系了。

## Tabula V (Table 5）)

- **uti legassit super pecunia tutelave suae rei, ita ius esto.**

  *when / however, be trusted / bequeathed, above / beyond, property / money, protactive, her own, liable to, thus / so, right / justice, to be*
  即使女性已达成年，可以处理财产时，女性仍是女性（仍受男人监督）

- si intestato moritur, cui suus nec escit, adgnatus proximus familiam habeto. si adgnatus nec escit, gentiles familiam habento .

  *if, intestate / no will, die, who / anyone which, its / own / favorite, and not / nor, to be, heirs / male blood related, nearest, family, have / hold,; if, heirs, nor, to be, fellow country men, family, have / hold*
  如果一个没立遗嘱的人死了，他没子嗣，这时将由他最近的男方亲人继承其财产；如果没有血缘上的近亲，则可由远族男人继承。

- si furiosus escit, adgnatum gentiliumque in eo pecuniaque eius potestas esto.

  *if, mad / frantic, to be, heirs, gentiles and together, in, for that reason / consequently, and property / money, his, power / authority, to be*
  若一个人发疯了，可由远族之内的人，做为其财产监护人。

## Tabula VI (Table 6)

- cum nexum faciet mancipiumque, uti lingua nuncupassit, ita ius esto.

  *along wih / together, bound together / obligation, make / build, and together / in general, so that / as, language / speech,? nuncupassit? Maybe: nuntiare (announced / passed out), thus, right / justice / binding decision, to be*

一些人在一起约定做买卖，当他们宣告合作时，就有法定的义务。

- **si qui in iure manum conserunt tignum iunctum aedibus vineave sei concapit ne solvito.**

    *if, how / in what way, in, by right / rightly, hand, construct / join, post / building materials, closely connect / join, temple / house, vineyard, whether / if only, self, not, release / pay back*
    如果木柱已安装妥当于房屋或葡萄架上，别人不得擅自拆走。

## Tabula VII (Table 7)

- **si iurgant tres arbitri.**

    *if, scold / quarrel, three, arbitrator / oversee*
    若（因权益）发生争执时，可请三位仲裁人仲裁之。

- **viam muniunto : ni sam delapidassint, qua volet iumento agito.**

    *road / way, strengthen / build: if not / unless,? sam (maybe: become)?, ? (should be) dilapidated, where, want / wish . animal / cattle / mule etc, move about / pursue*
    马路应妥善维护：不可任令损坏，若发生此情况，牛羊家畜则可绕道而行。

- si aqua pluvia nocet, (iubetur ex arbitrio coerceri (或 ut noxa domino sarciatur. ))

  *if, water / rainfall, raining / runoff, hurt, command / order, out of / from, arbitration / judgment, restrain / coerce, (that / so that, injury / harm, owner / master, redeem / make good)*

  如水（从房产）漏出而使别人受损，由裁判官下令，强迫他负责修理。

## Tabula VIII (Table 8)

- qui malum carmen incantassit (By Cicero: capite sanxissent.)

  *who, evil, chant / song / incantation, biwitched; (capital punishment, sanction)*

  任何人使用巫术，念恶咒害人者，（据西塞罗的说法：，处以死刑。）

- si membrum rupsit, ni cum eo pacit, talio esto.

  *if, limb, broke, if not, together / along with, to that point / therefore, peace, retaliation, to be*

  如果打断别人肢体，若不能和解，就可报复。

- **manu fustive si os fregit libero, CCC < assium >, si servo, CL < assium > poenam subito**

    *by hand, clubbing, if, face, break / shatter, freeman, 300, assium :Roman dollars $, if, slave, 150, Roman $, punishment, at once*
    用手或棍子打击一个自由人的脸，立即罚以300罗马元；若打一个奴隶，立即罚以150罗马元。

- **si iniuriam faxsit, viginti quinque poenae <asses> sunto.**

    *if, insult / wrong, (he) did, 20, 5, Roman money-penny, to be*
    如果辱骂别人，处罚以25分罗马币。

- **rup <s>it sarcito.**

    *cause injuryredeem / make good*
    伤人者，赔偿。

- **qui fruges excantassit neve alienam segetem pellexeris <capite>.**

    *who, crop / grain, bewitched, nor, another's / foreigner, grain field / crop, draw away / allure, (capital punishment)*
    任何人以巫术施于列别人的农产，也不驱走施于别人农产上的巫咒，处之以死。

- **si nox furtum faxsit, si occisit, iure caesus esto.**

    *if, night, theft, did, if, (he) killed, justly / rightly, to be*
    如晚上去偷窃，屋主杀了小偷，无罪。

- **luci si se telo defendit, endoque plorato .**

    *light / daytime, if, himself, weapon, defend, and then, crying*
    若在白天（行窃），可用武器自卫把小偷打哭，就让他哭好了。

- **si adorat furto, quod nec manifestum erit. <duplione damnum decidito>.**

    *if, appeal to, theft, now that / the fact that, and not, obvious, will be, ...... <by doubling, damage, having decided>*
    盗窃案件的审理：若是偷偷摸摸、暗中进行的话，以损失的财物加倍罚之。

- **patronus si clienti fraudem fecerit, sacer esto.**

    *patron, if, client, fraud, (he) did / made, accursed, to be*
    如果一个合伙人诈欺对方，他该受天谴。

- **qui se sierit testarier libripensve fuerit, ni testimonium fatiatur, inprobus intestabilisque esto.**

    *who, self, will be, witness, ballance holder, to be (has been), if ...... not,*

testimony, be fated / disclose, disloyal / wicked, dishonored, to be
任何人要做为证人时，一定要公平而公正，如不能诚实作证，那他就不配做一个忠诚而合格的证人。

- 〔**By Gaius**〕 **furtivam rem lex XII table usucapi prohibet.**

    stolen / furtive, matters, by twelve table law, acquire ownership of, forbit
    以偷窃或不正当手段而获得的东西，不允许有合法（十二表法）的拥有权。

- **si telum manu fugit magis quam iecit, <arietem subicito>.**

    if, weapon, by hand, flee, rather / more, how / as, cast / throw, ram, submit
    如果手中的武器（不小心）脱手而出，（伤到别人），但不是故意去打别人，可以送一头羊，做为和解之用。

## Tabula IX (Table 9)

- **<privilegia ne inroganto.>**

    privileges, not, demand / impose,
    没人有特权。（意即：法律之前人人平等）

- **<de capite civis nisi per maximum comitiatum ne ferunto.>**

    concerning / about, capital punishment, roman citizen, if not / except,

*by means of / according to, maximum, tribune elected at assembly of people in comitia*（据Cicero的解说，这是古罗马的"*comitia centuriata*"，或可译为：百人代表大会），*not, bring / get*
对于处决罗马公民一事，除非经过罗马全民代表大会的决议，不得执行。

- 〔**By Salvianus**〕Interfici-indemnatum quemcunque hominem etiam XII tabularum decreta vetuerunt.

    *kill-uncondemned, whoever, man, and also / likewise, Twelve table, doctrine / decree, forbid*
    十二表法的法条有规定，禁止任何人未经审判定罪，就处之以死。

## Tabula X (Table 10)

- **hominem mortuum in urbe ne sepelito neve urito.**

    *man, dead, in, city, do not, buried, nor, burned*
    人死后，不得在城内埋葬或火化。

- **hoc plus ne facito: rogum ascea ne polito.**

    *this, more, not, do / make, funeral / pyre, carpenter's ax, no, polish / refine*
    辨葬仪不可超过下列情况：葬礼上用的木材焚化架，不必刻意使用木工刀具精细加工。

- **mulieres genas ne radunto neve lessum funeris ergo habento .**

    *women, cheek, no, shave / scrape, nor, wailing, funeral, therefore, have / keep*

    在葬礼上，妇女不要弄到泪水满颊、频频擦泪，也不要嚎啕大哭。

- **homine mortuo ne ossa legito, quo post funus faciat.**

    〔**By Ceciro**〕**Excipit bellicam peregrinamque mortem**

    *man, dead, no, bones, collect (bones), who / which, after, funeral rites, make*

    *take out / ward off, of war / military, and foreign, dead*

    人死了之后，不要收集其骨头，以便举行一次葬礼；但打仗或在异地死亡者，不受此限。

- **qui coronam parit ipse pecuniave eius honoris virtutisve ergo arduuitur ei.**

    *who, wreath / garland, bear / acquare, self, money / rewards, his, honor / reward, virtue, therefore, add / insert / bring to, to him*

    任何人靠自己的功绩与优点，赢到的花圈或奖偿，都可和死者葬在一起。

- **neve aurum addito. at cui auro dentes iuncti escunt. ast in cum illo sepeliet uretve, se fraude esto.**

    *nor, gold, added; but / moreover, which, of gold, teeth, united, to be; but / on the other hand, in, along with / together, to that point / there, bury / cremate, whether or not, without / self, fraud, to be*

    不可用金子陪葬，但镶好的金牙，则可一起埋葬或火化，勿出差错。

## Tabula XI (Table 11)

- **<conubia plebi cum patribus>**

    *marriage, plebeians, together, patricians*

    〔**By Cicero**〕**conubia-ut ne plebi cum patribus essent.**
    *marriage, that, no, plebeians, together, patricians, to be (subjunctive, active, plural, i.e, they would be)*

    庶民和贵族不得通婚。

## Tabula XII (Table 12)

- **si servo furtum faxit noxiamve noxit .**

    *if, slave / servant, theft / deception, did, whether harmful, hurt*

    〔**By Gaius**〕**Ex maleficiis filiorum familias servorumque-noxales actiones proditae sunt.**

*out of / from, crime / hurt, of children, family, (and) slaves,* **noxales actiones,** *assert / bring out, to be*

如果奴隶犯罪，对别人造成伤害。
奴隶犯恶伤人，依据罗马法 **Noxal Action,** 主人要负责任；应交出犯恶者（noxae dedere），以处理赔偿事宜。

注：noxales actiones (*pl.*), or noxalis actio (*sing.*), (English: Noxal Action; By Roman Law)。

Noxa： 实际犯恶者（the guilty body，the person［e.g. a slave］or the animal who does the wrongdoing / crime）。例如主人的奴隶或家犬、牛马，伤害别人，为「实际犯恶者」；但主人不能置身事外，应负责任，不能包庇，例如须交出奴隶或家犬、牛等，「实际犯恶者」，以及赔偿等事宜。

- **si vindiciam falsam tulit, si velit is tor arbitros tris dato, eorum arbitrio fructus duplione damnum decidito .**

  *if, things claimed, wrong / false, bring / produce, if, wish / prefer, he, ......, tor (?),*
  *arbiters / referees, three, give, their, arbiter, produce / fruit, double, forfeiture / fine, bring to conclusion*

  如以作假方式占取财物，若（行政长官）认为必要，他可请三位仲裁人，仲裁结果出来（若是侵占），应加倍陪偿损失。

- 〔**By Livius; or "Levy" in English**〕**in XII tabulis legem esse, ut quodcumque postremum populus iussisset, id ius ratumque esset.**

    *in Twelve Table, law, to be (present, infinitive, active,), that, whatever, the last, people, command / decree / enact,*
    *it / that, right / justice, (and) established / authoritative, to be (subjunctive, active 3rd, sing.)*
    在十二表法中有一法规说：在颁布给人民的法令中，无论怎样（变更），最后一次颁布的法令，才是对而有效的法令。｛简言之：后法大于前法。｝

# ■ 附录

## 附录一：艾奎那（Thomas Aquinas）名著：Summa Theologiae；Law及Justice节录

艾奎那（St. Thomas Aquinas，1225-74）已如前述，是罗马教会的教义权威。他大约生在南宋大儒，朱熹，之后。他来自南义大利的一个富贵家族，自幼好学（当代唯一的学术就是基督教义），青少年时，加入道明修士会（Dominicans修士会，当时以善于研读经书而出名）。

现在需先简介说明一下西方scholasticism的兴起。自西方的罗马帝国亡于西哥德人之后（西元476年），西方罗马帝国境内已成为无政府状态，教育体系也一并瓦解而消亡；不出几代就造成文盲遍地、人民无知，形成西欧的「黑暗时代」。当代仅由罗马教会维持社会秩序，而国家基本的拉丁语文仅为罗马教会教育教士之用，因此造成：基督教义就是唯一知识，知识就只是基督教义。直到文艺复兴之前，西方人对希腊罗马全然无知，最多只知古时有个罗马帝国，专门

迫害、烧杀基督徒，而希腊罗马文化都是未经基督教开化的异教邪神，是无法获得救赎的异端。

在基督教义的主轴，圣经，多处宣示，上帝全知，要求子民追求他的知识，胜于黄金（见 Prov. 2:5, 8:10）；上帝还要将其知识传播于世间（Isa, 11:9）；新约都说：信仰与知识的融合，即可充实基督精神（Ephes. 4:13）。于是中世纪有志向的教士（大多教士腐败，一如「十日清谈」所述）自然都习于以充实知识为己任。但基督教义中，有许多天启神迹，包括：三位一体、面包与酒化为耶稣的肉与血、为何神化为人来救世人？这些难解的奥秘，有待一些有志追求知识的教士，去寻求答案。

七世纪起，回教世界兴起，除了攻占波斯，也并吞罗马帝国基督教的地盘，包括：中东、北非、西班牙，甚至连圣城耶路撒冷都落入回教徒之手。这时，回教对各征服地区尚相当宽容，学术知识远优于黑暗时代的西方。一些回教知识份子还贬损当代西方人是「面色苍白、愚昧无知的人」。

在十一世纪左右，很多回教学者研究希腊古哲，尤其是亚里士多德的学说，颇有成就；而西班牙的哥多华，更是学术重镇。这些古希腊学术经回教学者传入西方，当时受称为 Arabica scientia，意为：从阿拉伯回教徒传来的「知识」。

这些外来的新知识让那些服从上帝之意、求知若渴的西方学者型教士（Scholar Clerks）趋之若鹜、争相学习。更重要的是这些教士居然可用这些希腊古哲的学说去解释基督教义中的玄奥事迹。更意想不到的是当代一些教宗也热爱「知

识」，于是这外来的「阿拉伯知识」遂演变成支持并解说基督教义的显学，後世通称之为：Scholasticism。

当然，教会中自有很多保守份子，对此现象大不以为然。他们认为这些古希腊学说根本就是违反基督教义的异端邪说，早在五百年前就被前皇查士丁尼立法严禁，连其大本营，柏拉图书院，都遭关闭，师生放逐。今日怎可死灰复燃？何况又是从基督教死敌，回教徒，传来的邪说！但是投入 Scholasticism 的人多是有知识、有地位的教士，已成气候，成为主流，那些囿于教条的僵固教义派就逐渐靠边站而无声无息了。

在这些学者教士（後世通称為：Scholastics）中，著书立言、影响后世最深远者，就是艾奎那了。他成长后，前往巴黎加入巴黎学术社团（今之巴黎大学），潜心研习，终成著名的学者。他集 scholasticism 之大成，充分运用这些古哲的学说来解释教义中的道理及天启神迹。但他并非照单全收，而是择优而用，例如：亚里士多德并不认知上帝的存在；但他则依旧约所述，宇宙是由上帝所造。他还提出五个证据，证明上帝的存在（但其他文化背景者，恐不易接受其辩証邏辑）。

由于学术有成，普受当代教士学者的敬重。1265 年，教宗 Clement IV（1265-68，在位）召他至罗马教庭，担任教宗的神学顾问（papal theologian），负责阐释基督教的教义。于是，他就顺理成章，成为罗马教会的教义权威。他对后世的法律观念（请看下列节录）及哲学思想，都有深切的影

响。大家都知道文艺复兴时的首席文艺大师，坦丁（Dante Alighieri，1265-1321），他就深受艾奎那作品的启发，写出「Devine Comedy」（中文有译：神曲），书中的主题：地狱（hell）、炼狱（purgatory）、天堂（heaven），都是基于艾奎那书中的神学观念。

他的著作很多，最著名也最重要的就是：Summa Theologiae，可译为：「神学总览」。这本书是罗马教会学者教士必读的书。此书并非平铺直叙的说明教义，而是采用辩证问答的方式，来解说问题。这种写作体裁在中国非常罕见。

为简易说明他的写作体裁，特运用「喝酒有害身体，不要喝酒」为例题，以观其论述的方法与体裁：

{反论－1}：好像大家都说：喝酒下肚，胆子就大。
{反论－2}：据一些人说：晚餐一杯酒，晚上睡的久。
{反论－3}：似有 XY 报刊说：喝酒可以助消化。
［解题］：他们没有根据就就妄下结论。各方医学报告显示，喝酒危害身体健康，请勿喝酒。

［说明］：根据今年三月發表的 ABC Medical 權威医学报告证明，酒精有毒，危害人脑，又伤……
［回答反论－1］：喝酒胆大，没错，马上就敢做坏事，……
［回答反论－2］：这表示喝醉了，酒精正在损害脑神

经，却误认睡的好，……。

［回答反论－3］：那家 XY 报刊根本就是酒商协会所办的杂志，……

本附件仅选取 Part II a；Law，以及 Part II b；Justice 之中，重要的拉丁原文如后。每个拉丁字都附上英文字译，再加上中文大意。原文为拉丁文，是「西方文言文」，中译仅能力求「达意」。文句若有费解之处，尚请从英文译词中，探索其意。

艾奎那以毕生的精力，奉献于研习上帝的知识（scientia，后世的 science），下工夫至深，著书立言，终为后世法。他八百年前的论述，持续影响至今日，包括下列法律惯例：

- 没有犯罪证据之前，我们得视他为好人；
- 罪疑轻判；
- 没人会强迫自己入罪（注：故自供、自白书不能成为唯一罪证）；
- 没有任何人能免于全民共通的「人订法律」；
- 证人都需要事先宣誓；
- 为任何被告辩护都在允许之列，没有任何不对之处。

这种历经千年的法律传承，自为西方法律奠定坚实的基础，也是其他文化地区所欠缺，包括：念同样经书及律法的東方教會諸國；奉同一位真主，也有獨到律法的回教世界。西方能打造出「法治」，让法律足以自行，显然并非侥幸，

终归一句陈年老话：种豆得豆，一分耕耘、一分收获；易言之，不愿种豆、就没豆吃，不肯耕耘、自无收获。

## Law ［Part 2 a］

［Iᵃ－IIae q. 90 a. 1 co.］：lex quaedam regula est et mensura actuum, secundum quam inducitur aliquis ad agendum, vel ab agendo retrahitur, dicitur enim lex a ligando, quia obligat ad agendum.

　　law, a certain thing, rule, to be /（he）is, and, measure, actions, according to / next to, how / how much, induced （passive）, someone, about / toward, to be done, or / rather, toward / out of / from, do / work. withdrawn / restricted, be said / called, for, Law, from / by, bond, because, oblige / bind, toward, be done

［大意］：lex（Law：法律／律法）就是行事规矩和准则，人可据此规则而行，并受其约束。「lex」源自「ligando」，其意为「管制、约束」人的行为。

［Iᵃ－IIae q. 90 a. 2 s. c.］：……lex est nullo privato commodo, sed pro communi utilitate civium conscripta.

　　law, is, none, private, benefit / advantage, but, for / towards, common, advantage, fellow citizen, commit to / enroll

[大意]：订立法律并非为少数人的私利，而是为了保障全体人民共同的权益。

[Iª－IIae q. 91 a. 2 s. c.]：, Rom. II, super illud, cum gentes, quae legem non habent, naturaliter ea quae legis sunt faciunt, dicit Glossa, etsi non habent legem scriptam, habent tamen legem naturalem, qua quilibet intelligit et sibi conscius est quid sit bonum et quid malum.

Romans 2:14, above / concerning, those things / that, since / while, Gentiles, who, law（accusative）, not, have, naturally / by nature, go / walk, who, of law, to be /（he）is, do / make, said / declare, Glossary / commentary, although / even if, no, have, law, scribed / written（passive）, have, still / yet, law, natural, where / which, no matter what / who, understand, and, himself, aware of / conscious, is, what / which, to be / let it be, good / honor, and, what / which, evil

[大意]：依据罗马书 2:14 所说：「那些没有律法的外邦人，他们行事的规距，自然而然都会符合律法」；再看后世的解说：虽然他们没有写好的明文律法，但他们的行为都符合顺乎人的自然法则，每个人都凭着良心去做，知道什么是好的、什么是不好的。

附录 249

[Iª—IIae q. 92 a. 1 sc] …… philosophus dicit, in II Ethic., quod voluntas cuiuslibet legislatoris haec est, ut faciat cives bonos.

　　philosopher（注：当代西方教士学者敬称那些「热爱一智慧知识」的希腊古哲，此处指：亚里士多德），say, in, 伦理书第二卷，that, will / intention, anyone, lawgiver / legislator, have, to be, that, do / create, citizen, good

　　[大意]：据古圣贤（亚里士多德）的伦理书第二卷曾说，任何立法者的期望就是要大家做个好公民。

[Iª—IIae q. 92 a. 1 ad 4] …… lex tyrannica, cum non sit secundum rationem, non est simpliciter lex, sed magis est quaedam perversitas legis.

　　law, tyrannical, since / while, non, to be, according to, reason, not, is, just / simply, law, but, more / rather, to be (is), something, perversity / distortion, law

　　[大意]：暴君订的法律，不合乎理性，根本就不算是法律，充其量是个变态的法律

[Iª—IIae q. 92 a. 2 ad 4] …… Et secundum hoc, lex etiam puniendo perducit ad hoc quod homines sint boni.

　　also / and, accordingly / according to, this, law, even / also, punishing, lead to, toward, this, respect to / which / that, men / people, to be, benefit/good things

　　[大意]：因此，法律虽然要有处罚的条款，但其目标仍在

于导至全民的幸福。

[Iª—IIae q. 94 a. 3 sc] ……（古哲 Damasius 曾说）：「virtutes sunt naturales.」Ergo et actus virtuosi subiacent legi naturae.

　　virtues, to be, natural, therefore, also / and, act,
　　virtuous, lie below / subject, the law of nature

［大意］：古哲 Damasius 说：「美德是天生而来（即：人性本善）」；因此，美德就是自然法的主体。

注：他是第六世纪，希腊雅典，柏拉图书院的主持人／校长／祭酒。因这些学者异于柏拉图的传道授业解惑，尽在在谈鬼神之事（试对照董仲舒；再对比：子不语怪力乱神），偏离学术正业。这可犯了罗马皇帝，查士丁尼的大忌，遭视为 pagan，下令关门了事；他则远遁至波斯。

[I—IIae q. 95 a. 1 ad 3] …… quaedam singularia, quae non possunt lege comprehendi, necesse est committere iudicibus.

　　some, unique / unusual, which, not, be able to / can, law,
　　cover / grasp firmly, necessary, to be, commit to / entrust,
　　judges

［大意］：在某些特殊情况，法律不易周全顾及，这时就有赖法官的心证来裁决了。

[Iª—IIae q. 96 a. 1 sc] …… iura constitui oportet in his quae

附录　251

saepius accidunt, ex his autem quae forte uno casu accidere possunt, iura non constituuntur.

> laws, establish / set up, require, in, these, who / which, often / frequently, happen / occur, out of / from / about, these, however, which / who, by chance, one, accidentally, happen, can / be able to, law, not, establish / set up(passive)

［大意］：法律是为了处理大多数的情况而订；却不是为了偶而发生的个别事件而订。

{ **Argument 3** }： ［I<sup>a</sup>—IIae q. 96 a. 5 arg. 3］……iurisperitus dicit quod princeps legibus solutus est

> jurist / legal expert, said, that, prince / chief / leader, laws / all laws, released / exempted, to be / is

［大意］：（**Objection**；反论题－3）……律法学家｛引述查士丁尼法典，**Pandect . Justin. i, ff ., tit . 3, De Leg. et Senat.**｝称：王侯高官不在法律的管辖范围之内。

（**Reply to Argument 3**） ［I<sup>a</sup>—IIae q. 96 a. 5 ad 3］……, nullus enim proprie cogitur a seipso; lex autem non habet vim coactivam nisi ex principis potestate……

> …… dicit Glossa quod lex non habet hominem qui sua facta diiudicet. ……

……princeps subditur legi propria voluntate；……

none，for，properly / particularly，is forced，from / out of，by himself；law，however，none，have，force，coercive，except，from / on，prince，can be able to

（he）says，gloss（commentary from scholars），that，law，no，have，man，who，his own，behaviors / deeds，(he would—subjunctive mood) judge

prince / chief / leader，submitted，law，his very own，by will

[大意]：{答覆反论题—3）：……没人会强迫自己入罪；除非有公权力发挥作用，法律实难以自行；……

……法学家的评论说：没有人能依法审判当权立法者（指订法的帝王）的行为；

……当权者只随他自己高兴要不要依法行事，爱怎么做，就怎么做……。

[Iª—IIae q. 96 a. 6 s. c.] ……（Hilarius dicit,）⌜intelligentia dictorum ex causis est assumenda dicendi，quia non sermoni res，sed rei debet esse sermo subiectus .⌟ Ergo magis est attendendum ad causam quae movit legislatorem，quam ad ipsa verba legis.

understanding，say（passive），about / out of，cause / motive，to be，to be assumed，say，because，not，speech / conversation，event / cause，but，the thing / matter，must / responsible to，to be，speech / talk，subject；therefore，more / rather，to be，to be attended to，about / toward，cause， which, moved, legislator / law-giver, rather / how, about / toward, himself, words, of the law

［大意］：（古贤 Hilary 曾说：）「人叙述某件事，是依照事件的前因后果之动机而加以叙述；因此，任何事件并非只靠叙述，而是用叙述来说明事件。」所以我们应注意立法者订法的原始动机，却不能只看法律表面的叙述文句。

［Iª－IIae q. 97 a. 3 ad 1］，pravum usum lex et ratio vincat
crooked / wrong, customs, law, and, reason / ration, defeat / conquer

［大意］：陋习劣俗应以法律及理性铲除之

［Iª－IIae q. 97 a. 4 ad 3］，Unde sicut in lege humana publica non potest dispensare nisi ille a quo lex auctoritatem habet,
from whom / therefore, as it were / just as, in, human law, public, no, be able to / can, dispense / do without, except / if not, that person, by / from, where / who, law, authority, have / hold

［大意］：除非法律授权给某人特别的权利，否则没有任何人能免于全民共通的人订法（human law）之管辖。

［Iª－IIae q. 99 a. 2 co.］，lex vetus continebat praecepta quaedam moralia, Et hoc rationabiliter. Nam sicut intentio principalis legis humanae est ut faciat amicitiam hominum ad invicem

> law, old, contained, precept / teaching, some, moral / ethics, also / and, this, reasonably; for, like / just as, intention, principal, of human law, to be, that, make, friendship, man / human being, about / toward, mutually

［大意］：旧约含有很多道德的准则，这些准则讲解的很好而恰当，因为人订的法律，其主要目标就是促进人与人之间的的关系与情怡。

［Iª—IIae q. 100 a. 1 s. c.］……，Rom. II, quod「gentes, quae legem non habent, naturaliter ea quae legis sunt, faciunt,」quod oportet intelligi de his quae pertinent ad bonos mores. Ergo omnia moralia praecepta legis sunt de lege naturae.

> Roman II, that, Gentiles, who, law, no, have, naturally, them, who, of the law, to be, do / perform, that / which, require (to be done) / should, to be understood, concerning, these, who / which, pertain / belong to, about / toward, good, morals / behavior; therefore, in all respects, morals, precept, of the law, to be, about / concerning, the law of nature

［大意］：（使徒保罗）在罗马书中说道：「外邦人没有律法，但他们顺着人类善良的天性去行事；而这些事做的，都自然而然符合律法」。他们这些自然而然的行为，都是对而良好的德行。由此观之，

附录　255

律法中所有的道德训示都属于自然法（the Law of Nature）。

**[Iª－IIae q. 100 a. 11 s. c.]** …… Ergo ad legem pertinebat etiam alia praecepta moralia tradere.

  therefore, about / toward, law, relate to / concern, likewise / also, other / another, precept, morals, hand over / deliver

 [大意]：因此，关于其他同类的道德训示，也是律法的范围。

**[Iª－IIae q. 100 a. 11 ad 3]** …… praecepta legis ordinantur ad bonum commune,

  …… precepts, of the law, directed / ordained, toward, good, common；

 [大意]：……律法中的道德训示，可引导大众走向共同的幸福……

**[Iª－IIae q. 108 a. 2 ad 3]** illa praecepta dominus dedit apostolis non tanquam caeremoniales observantias, sed tanquam moralia instituta.

  those, precepts, Lord, has given, apostles, no, like / as, ceremonial, observances, but, like, morals, statutes / decrees

 [大意]：耶稣（在 New Law－新约福音书中）给使徒的那些

训示，没有祭典、法事之类的礼仪规则，都是道德方面的诫律（institutes or commands）。

## Justice [Part 2 b]

[IIᵃ—IIae q. 60 a. 2 ad 2] …… iudex constituitur ut minister Dei. Unde dicitur Deut . I, quod iustum est iudicate; et postea subdit, quia Dei est iudicium.

> judge / arbiter, appointed, that, attendant / servant, of the God, from where, said, Deut.1, that, justice, is, giving judgment / sentence; and, afterward / furthermore, supply / add, because, of the God, is, judging / trial process

[大意]：法官是上帝所指定的代言忠仆；正如律法书所说（Deu.1:16，17）：（法官）判案就是显现正义；因为这是代上帝去判案（it is the judgment of God）。

[IIᵃ—IIae q. 60 a. 4 co.] Et ideo ubi non apparent manifesta indicia de malitia alicuius, debemus eum ut bonum habere, in meliorem partem interpretando quod dubium est.

> and / also, therefore, where, no, appear, manifest, indication / information, malice / wrong, of someone, （we）must, him, that, good, have / hold（passive）, in, good / honest / valid, portion / side, interpreting, that, doubtful / uncertain, is

附录 257

［大意］：在未能发现某人明显的犯罪证据之前，我们必须视他为好人；若只有嫌疑，尚难明确，选较轻的判决（i.e., 罪疑轻判）。

**[IIa — IIae q. 60 a. 5 co.]** Et ideo necesse est quod iudicium fiat secundum legis Scripturam, ……, alioquin iudicium deficeret vel a iusto naturali, vel a iusto positivo.

 and / also, therefore, necessary / needed, is, that, trial / legal process, happen / develop, according to, of the law, scripture, otherwise, trial / judging, fall short of, either / or, from / unto, natural law, or, law, positive

［大意］：判案时，应该遵照法律的明文规定去判决，否则这个判决既偏离道德的规范，也缺乏法律的正当性。

**[IIa — IIae q. 60 a. 6 co.]**，Et ideo sicut iniustum esset ut aliquis constringeret alium ad legem servandam quae non esset publica auctoritate sancita,

 and / also, therefore, just as / as it were, unjust / wrong, to be, that, someone, force / coerce, other, toward / about, law, to be kept, which, not, to be, public, authority, sanctioned

［大意］：如果有人强迫别人遵奉一部未受全民认可而通过的法律，那是有失正义之举。

[IIa—IIae q. 68 a. 2 co.] Et ideo rationabiliter institutum est ut accusatio, sicut et alia quae in iudicio aguntur, redigantur in scriptis

  and / also, therefore, reason, set up, to be / is, that, accusation, as / like, also / and, other, which, in judicial, act / procedure, rendered, in, written documents

［大意］：任何诉讼案件及其他司法有关的案件，最合理的方式应：都须以文字书面为之。

[IIa—IIae q. 70 a. 4 ad 3] ad maiorem certitudinem testimonii, requiritur testis iuramentum.

  toward, greater, certainty / assurance, testimony, required, witness, oath

［大意］：为求证词更为可靠，证人都需要事先宣誓。

[IIa—IIae q. 71 a. 3 arg. 1] Ergo etiam advocatus non peccat, sed magis laudandus est, si iniustam causam defendat.

  therefore, likewise / also, advocate (attorney at law / lawyer), no, sin / faulty, but / however, more / rather, to be praised, is, if, unjust / wrong, cause, defend

［大意］：因此，为任何被告辩护都在允许之列而没过错，如果能为不公正的案件辩护，那更值赞扬。

# 附录二：英国39条信仰法规及英国社会的道德教化

当英国的血腥玛丽女王于 1558 年过世后，新教派的伊利沙白女王登基为英王（1558-1603 在位）。英国国王也是英国国教会的「Head（教主）」，她欢迎流亡在外，尤其是留学于日内瓦，向喀尔文学习新教思想的教士返国。当时以新教徒为主的国会，在 1571 年，通过「三十九条信仰法规（39 Articles）」，或可简称：「39 条信规」，经女王签字后施行。这就是英国新教立国的根本大法（以现代标准看来，应可称为：「宪法」），英国国教会所有的教士必须奉行。当代英国人都是基督徒，绝多人都要上教堂，自然也深受此信规的影响。

这份信规一面述明英国国教会，亦即英国新教徒，对基督教信仰的认知，并强调基督教义中的道德信念，还明言：教义中的诫律就是道德律，要求基督徒的英国人，都应遵守上帝的诫律。

现在让我们看一些有关道德诫律的重要条文：

**第 7 条**（Article VII，of the old Testament）

No Christian man whatsoever is free from the obedience of the commandments which are called moral.

**所有的基督徒皆须遵守上帝的戒律－即通称的道德。**

**第 18 条**（Article XVIII，Of obtaining eternal Salvation）

Every man shall be saved by the Law, so that he be diligent to frame his life according to that Law, and the light of Nature.

若能遵奉 the Law（律法），人人都有获救的机会，所以人人都应努力依照 Law 所训示的道德规矩（the Law），以及人的善良本性，过生活。

**第 35 条**（Article XXXV，of Homilies）

to be read in churches, by the Ministers, diligently and distinctly, that they may be understood of the people.

道德的教诲应由牧师在教堂谆谆讲解，好让信徒能有充分的认识。

注：Homilies（道德教诲）包括神性信仰与道德行为。在道德行为方面，39 条信规亦明确说明，包括：保持教堂的清洁干净、行善功、不贪酒食、不重虚华服饰、施舍穷人、忏悔改过、勤快不懒惰。这些道德行为也是日后殖民北美的英国人（包括所谓「清教徒」）的特色。

**第 38 条**（Article XXXVIII，Of Christian men's Goods，……）

every man ought, of such things as he possesseth, liberally to give alms to the poor, according to his ability.

每个人应依据个人的能力，自动捐出一些自己的财物，济助贫弱者。

注：试看美国捐款、慈善事业的特色习俗，即可知其概况。

由此看来，十七世纪，英国人所认知的「Law」，除了神性訓誡外，就是英文的「moral－道德」，即拉丁文的Moralia。这些「道德」行为受教会、教士、知识阶层的鼓励与教化，逐渐发展，最后成为约定成俗的处世规矩。到维多利亚女王时代（Victorian era，1837~1901），更达巅峰。

英国国教会承袭喀尔文的新教思想。喀尔文是一位虔敬上帝，工作勤奋又遵奉律法道德的人。他的思想及精神也随之传入英国国教会，并展现在39条信规之中。英国国教会有很多人，认为自己奉守律法道德，信仰坚诚，因此，他们自认就是耶稣愿意拯救的选民，并以律法道德作为社会生活的准则。

即使殖民北美，英国的律法道德观念亦随之传入北美殖民地。只要看看1611年，维吉尼亚殖民地所颁布的法律，Dale's Code（或称Dale's Law），几乎就是依照旧约的诫律及新约的训示所作出的道德规范，例如：不能亵渎上帝、定时上教堂、不能作伪证诬陷别人、不能毁谤别人、公众场所不可讲脏话、污水不得倒在水井附近及街上、不可抢夺前来作生意的印第安人、保持住家的整洁、不得进入别人农院偷采果物、面包商不可偷斤减两欺骗顾客、违者立即开庭处分，甚至死罪。至今仍可在维吉尼亚的仿古区见到这些刑具。其他殖民地，如麻塞诸塞，都是如此。

再看一下美国开国之父，杰弗逊总统与弗兰克林，他们都公开否定基督教的神迹迷信，却力行基督教义中的道德训示。从他两人的事迹，就可察觉当代盎格鲁撒克逊的知识阶层，如何脱离宗教迷信、重视律法道德的实况。

英国大思想家，洛克（John Locke，1632-1704），虽具有虔诚的新教信仰，却毫无宗教迷信。他完全从人性及理性的角度，阐释教义。从他的著作，The Reasonableness of Christianity（可译为：基督教的理性，1695年出版），就可看出他是一位不谈神迹迷信的基督徒。他所主张的自由及人性思想，皆源自教义中符合人性与理性的部份。他又主张：每个人的生命、自由、健康、财产（life, liberty, health and Possessions）都不应受别人的侵犯。总而言之，他的理想就是：一个处处有公义的社会，人人受到法律的保障，不受别人侵犯。

不止于此，他在1667年时，写出一编著名的论文：An Essay on Religious Toleration（论宗教容忍）。他自己来自英国正统国教会，他不但不批评那些不同信念的反对派，反而主张互相容忍。他这种远大的眼界与格局，更让他与众不同。

其实，当代的知识阶层，虽然都是基督徒，大多避谈迷信神迹之事，却多爱发扬教义中的人性与道德的信念，这种风气已蔚为风潮。著名的学者列之如下：

- **John Toland（1670-1722）：**

他在1696年出版 Christianity not mysterious（基督教并不

神秘），直言否定基督教的神迹，只相信教义中合理的部份。

- **Matthew Tindal（1657-1733）：**
  他在1730年出版一本：Christianity as old as creation（长远的基督教），直言无讳否定宗教的神性，并说基督教的本体在于伦理道德，却不是神启迷信。宗教的功能仅在于教导信徒过着道德自律的生活。这种观念在当代已是革命性的思想。

- **William Paley（1743-1802）：**
  他是出自剑桥的神学及哲学家（当代神、哲学一体一家）。他从基督教义中的道德信念，发展出见解独到的人性及伦理思想。他有强烈的民权思想，并主张政教分离。
  注：自亨利八世以来，英王即是英国国教会的教主，Governor or Head，也是：信仰保卫者（可见於硬币），直迄今日；因此，英国，以及早期北美殖民地，就理论而言，都是政教合一的神权政体）。
  他在1785年，出了一本道德与政治思想的书：The Principles of Moral and Political Philosophy，书中明言道德在政事管理的重要性。他认为，一个受人民支持的政府，就应是上帝支持的政府（请对照the Law of Chinese：天视自我民视，天听自我民听）。所以在一个人民所拥护及支持的政府，人民要听从这个政府所订立的法律及政

令，却非教会的天意神令。他在书中还以大幅编章强调，对此良性政府的法律，人民应该服从（Duty of Civil Obedience），其章节标题还明言：

－The Duty of Submission to Civil Government［服从政府的义务］

－Of the Duty of Civil Obedience［人民服从政令的义务］

　　注：此句后来被人取巧变为：Civil Disobedience（源自美國作家梭羅－Henry Thoreau；1817-62，過世後，出版商在1866年出版其言論集；但為了市場推廣，特藉「Civil Obedience」，取一標新立異之書名：「Civil Disobedience」以招買氣）。后来被人刻意用来当作反对政府的「依据」。但其原旨本意为：要求人民「服从（民间俗世、非宗教）政府的政令」。这就是一些新起「民主」国家盲目追风西方，一知半解的抄袭。听来也格外讽刺。

这一类脱离宗教迷信，却转而注重教义中的道德信念，在当代知识份子之间，非常盛行。英国就是从重视基督教义中的律法道德，逐渐培养出遵法守序、自律尊人的社会风气，并造出日后温和有礼的乔治典雅社会（Georgian society，约自1740-1830），更为维多利亚女王时代（1837-1901），开创出英国自豪的维多利亚价值观（Victorian Values）；其

附录　265

义为重视道德言行、遵法守序、勤奋努力、自律上进、文明礼貌、诚信待人、家庭和睦。即使一些坏份子，在当代英国社会至少也得做出表面的礼貌与和气（这也说明为何英国看起来有很多道貌岸然，却是伪善人物）。这些价值观都源自教义中的律法道德。英国官民具备这些良好的习性，才为英国的民主法治，建立出坚实的基础，不可不察。从英国盛极一时，成为日不落帝国，更证明韩非子在两千多年前说的：「奉法者强，则国强」，确为可信而可靠的真理。若说：「韩非子言之，英吉利人行之」，亦无不可。

# 附录三：英国大宪章及依法治国的浮沉实录

## 课本里的大宪章，以及蹊跷问题

几乎全世界所有的中学生，都读过英国大宪章的故事。这故事显示大英帝国作为民主法治先驱的动人事迹。现在让我们复习一下这个故事的来龙去脉。

英国的约翰王（King John，1199-1216在位），及其父、兄（即亨利二世及狮心王理查），原是法国Angevin的贵族，拥有法国诺曼地与西半部的大片领地，以及英格兰。当时的法王自然都会想要铲除个势大震主的诸侯。在约翰王当朝时，法王菲利浦二世终于如愿夺得约翰王祖传的领地，迫使约翰王逃至边区的英格兰。他为夺回法国老家的土地，只得向英国本地的贵族（Barons）强迫征税，作为反攻复国的资金。

这些受尽约翰王压榨的英国贵族，自是心有不甘，于是这群贵族聚集在肯特伯里大主教，蓝登（Archbishop of Canterbury, Stephen Langton）的四周，一起向约翰王抗争。1215年6月15日，这些贵族在Runnymede围困约翰王，逼他签下一份文件，称为「Articles of the Barons」（可称之为：贵族请愿事项；这名称后来才改为Magna Carta，即：大宪章），承认主教与贵族应有的权利，不得随意侵犯。换句话说，就是限制国王的权力。在这份请愿书中，最有名的条文就是第39条，其原文为拉丁文，今以英文列之如下：

第39条：

No free man shall be taken or imprisoned, except by, lawful judgment of his peers.

对任何自由人，除非经其同僚（peers）的同意，国王不得任意拘捕或监禁

还有其他很制王权的重要条款如下：

第12条：

No scutage or aid is to be levied in our realm except by the common counsel of our realm.

除非经过人民代表的同意，国王不得随意巧立名目征税（Scutage及Aid是英王所强征的税名）。

第40条：

To no one will we sell, to no one will we deny or delay right or justice.

我们的权利与正义决不让予任何人，也不放弃或耽搁我们的权利与正义

第52条：

If, without lawful judgment of his peers, we have deprived anyone of lands, castles, liberties or rights, we will restore them to him at once.……And if any disagreement arises on this, let it be settled by the judgment of the 25 barons.

> 注：这一条还牵涉到以前十字军时的纠纷，大意是说，任何非经法律程序而被征收的土地、权利，都应退回给原主，如有问题，应由25名贵族评判，作出裁夺；简言之就是：非经正常的法律程序，国王不可任意剥夺贵族的土地、财产、自由之权利。

在课本中，大宪章的故事，通常到此结束；同时也表示大英帝国的民主法治，早已开始生根，源远而流长，非其他地区所能望其项背。如此看来，似乎自大宪章签订之后，英国贵族以及臣民就受到大宪章的保获，法治正义终于来临，国王再也不能任意欺压或剥夺贵族及臣民的权益，大家从此就过着太平幸福的日子。

但只要稍微翻阅一下历史书籍，却不像有那么美好的结局。只要顺手拈来一些历史事件如下，再试与前述大宪章的保障民权条款作个对照：

百年战争期间，理查二世（Richard II，1377-99）强征人头税（Poll Tax），压迫贵族及百姓，比约翰王还要残暴。最后还引发农民叛变（Peasant's Revolt）。但当时就是没有任何人勇于拿出「大宪章」向国王抗争。

百年战争后，赢得王位的亨利七世（Henry VII，1489

-1509），为防贵族反叛及快速处置谋反贵族，特订 Acts of Attainder（这是英国合法的抄家法）与 Court of Star Chamber（英国的锦衣卫；国王可不经法律程序，直接将嫌犯捕捉入狱、甚至处死）。在此背景下，也无人敢于举出「大宪章」，讨回臣民应有的「权利与正义」。

再看著名的亨利八世、以及玛利女王（血醒玛利）；他们父女任意屠杀臣民；这些人不但都是「自由人」，还多是贵族高官。这两位父女明显罔顾臣民的权利与正义，但可曾有任何人拿出「大宪章」？要求依法公正审判？答案自是一个都没有，更不敢有！

新教女王伊利沙白的新教大臣及国会，暗中多方迫害罗马天主教徒，甚至将避难英国的苏格兰女王，信天主教的玛利女王（Mary, Queen of Scots），以「涉嫌」天主教派谋反为理由，直接捕送至 Star Chamber，只经形式审讯，就迅速斩首处死。即使玛利女王，以及那些天主教徒，就算都是里通国外的重犯，既然是铁证如山，那么为何不依「大宪章」的规定，承认他们的「权利与正义」，让他们经过合法的审判程序，「面对指控他的人」，双方公开对质辩证之后，再作判决？

从这些历史事实看来，这份限制王权的「大宪章」，对限制王权显然没有丝毫功能，后世的国王似乎更糟，还杀人

如麻,也无「法」阻拦。然而,英国仍为世界上最早、最典范的民主法治国家。那么,大宪章保障臣民的功能,到底是在何时、何种背景条件下,才开始发挥功能?

其实,这份大宪章在当时王权当道的时代,早被人所遗忘。让我们继续查验历史事实如后:

约翰王在被迫签字后,立即反悔,并宣布这份文件非法而公告作废。又因大主教蓝登是主导者(故大宪章第一条就是维护主教与教士的权利),约翰王迅速与教宗英诺森三世(Pope Innocent III)修好。教宗也认为这份犯上的文件为:可耻、不合法、不公正(shameful, illegal and unjust),随即宣告这份文件无效,还奉上帝之名,免除约翰王对这份文件的任何承诺与义务。

当然,那些贵族又群起反抗。但约翰王至次年,1216年,就逝世了。基本上,这不过是一场政教及金权恶斗的历史插曲,来的快、去的也快,全案更因约翰王之死,暂告一个段落。这份被约翰王及罗马教宗正式宣告作废的「Articles of the Barons」,自然沦为废纸一张,失去法律效力。

约翰王过世后,其子亨利三世(Henry III,1216-72)即位。他一登上王位,立即面对一堆反叛吵闹的贵族。为了拉拢贵族,效忠王室的大臣就有意恢复「Articles of the Barons」。到1225年,亨利三世成年后,就重申恢复那份被废止的「Articles of the Barons」,期望贵族别再争吵。无论如何,亨利三世因正式公告恢复那份「大文件」之后,总算相

安无事，暂时保住王位，天下尚称太平。

这份文件的名称及内容，经过多次修正，大致上在亨利三世时代，名称定为Magna Carta Libertatum，简称Magna Carta（英译：The Great Charter；注：当时尚无「英文」，正式文书都是拉丁文）Carta仅是「文件、记录」之意。为慎重表示这是特别的「文件、记录」，特加一个Magna，即great，在前面，直译就是：大文件，或大记录。Libertatum则是自由人libertatis（genitive：属格or所有格）的复数型。全名可中译为：「自由人的大文件」。

直到1255年，亨利三世为了让其子当上西西里国王（King of Sicily），向教宗亚历山大四世（Pope Alexander IV）捐出庞大献金。这些贿赂的钱，当然是向国内贵族及民间搜括而来。在重税之下，人民苦不堪言，还产生侠盗罗宾汉（Robin Hood）的故事，流传至今。因贵族不满，再度群起叛变，节节胜利，终在1258年，重演他父亲的剧码，包围亨利三世，迫使他接受另一份类似大宪章的同意书，称为：Provisions of Oxford。这次贵族提出更多的改革事项，还包含政治的改革，缩小国王权力（如设15人的Council，决定大事）。亨利三世只好表面签字同意，但事后就像他老爸一样，请教宗正式作废他自己所签的Provisions of Oxford，顿时就成为无效的一张废纸。

大概是疏乎的原因，亨利三世虽废了Provisions of Oxford，但并未将前一份重生的「大文件」，即：大宪章（Magna Carta），给一并作废。

当亨利三世损毁诺言后，贵族再度反叛开战，并于1264年，生俘亨利三世及其子，即后来的爱德华一世（King Edward I）。这时，那些贵族为了扩大他们的支持，特在1265年，从各县城（Shire）选出两名有地位的市民（Burgesses）以及两位骑士（Knights）级的人，前来伦敦参加国会（Parliament），商讨税务及国事。这些来自民间资产阶层的议员，就成为日后下议院（House of Commons）之始。由于这些贵族内部发生争论，王子乘隙脱逃，后来反攻获胜，贵族四散，又让亨利三世恢复王位。

　　至此，反叛贵族强迫亨利三世签下的同意书，Provisions of Oxford，不但正式公告作废，亦由于贵族战败而更是一张废纸。至于约翰王受迫而签下的 Articles of the Barons，经转身变为 Magna Carta（大宪章），虽经作废却又正式恢复之后，侥幸并未作废，仍健在于官府法定文件之中，且是有效的「法律」，只是不受重视，束之高阁达四百年之久。

　　这两份名称为「Articles of the Barons」及「Provisions of Oxford」的「契约」，能够出现，实为贵族势力强大到足与国王抗衡，甚至超过王权，才能迫使国王低头；但只要国王掌握足够力量，超过贵族，国王立即反悔承诺，继续压榨臣民。其实不止英国国王不重契约，契约在任何大权在握的帝王手中，不过是权宜之计的一张字纸而已，随时可以做废。

　　那么，这份「大文件」的法律，何时才重见天日、受人重视，成为英国民主法治、不受王权压迫、保护人民权益的「定国保民基石」？这个转变的过程，简言之，就是人民这

一边（资产与知识阶层）的势力等于，或大于，国王的势力时，才促使大宪章得以苏醒。为解说这个问题，势须先从新教女王，伊利沙白时代说起：

1. 自伊利沙白女王起，英国的资产知识阶层崛起

当伊利沙白登位后（1558-1603；在位 45 年），那些曾被玛利女王（血醒玛利）迫害而逃至国外的新教知识精英，悉数返国。国内的新教知识份子，尤其是剑桥大学的知识菁英，如雨后春笋，纷纷出头。连国会都成为新教国会。女王与国会正在协力打造一个新教社会。女王需要国会支持、国会议员也需要女王的支持，双方唇齿相依，也是互助互惠的关系。

这时的议员，己不是亨利八世、血腥玛利时代的应声虫。下议院（House of Commons）己是新教改革派的大本营。很多议员，包括后面谈到的柯克及克伦威尔，都是剑桥的知识资产阶层出身。这些有知识、有资产、也有己见的新一代议员，早己培养出具有自主意识的议会，成了气侯。

女王过世后，由苏格兰王，詹姆士一世（James I，1603-25）继位。他自视甚高，认为君权神授（Devine right of kings）。他当上英王就说：我是丈夫，全英伦是我的妻室（I am the husband and the whole isle is my lawful wife）。他奢侈无度，又爱攀交西班牙王室。但自视甚高、而且气盛的国会议员，本来就对这些苏格兰边地人不太恭维，对自大自骄的詹姆士更是不满，国王与国会的关系自然也日渐紧张。

当时的大法官，Chief Justice of the Court of King's Bench（可译为「刑事法院最高法官」），柯克（Edward Coke，1552-1634），不满詹姆士违法循私，直言奉告：即使国王也不能违背「Law」（这个「Law」，实指上帝的「律法」，以对照詹姆士说的「君权神授」）。柯克甚至说，他是最高法官（Chief Justice；意为代上帝判案），必须做一个法官该做的事。詹姆士听完后大怒，立即把他撤职。柯克被罢官后，就获选为下议院的议员，开始另一生涯。

从此故事就可看出一个微妙的变化：自伊利沙白女王之后，亦即十七世纪初期开始，英国的王权已大不如亨利八世与血醒玛利女王时代，可随意烧杀臣民，情势已大为改观。詹姆士的时代，连国王亲自任命的 King's Bench 大法官都敢于「依法拒绝国王」，还能全身而退，未遭牢狱之灾，更未遭杀身之祸，甚至还能当上国会议员。这表示英国的资产及知识阶层已形成相当大的势力，连国王的权力与气势，都难以压制。

## 2. 民间资产知识阶层的势力与王权对抗，王权失势，大宪章得以苏醒

当詹姆士之子，查理一世（King Charles I，1625-49）登位为英王后，他不赞同喀尔文派的新教思想，反而倾向罗马天主教会的官僚结构，以利于统治子民。他和父亲一样，也是君权神授主义者。

他娶了法王路易十三（King Louis XIII, 1610-43）的妹妹，

信奉罗马天主教的玛丽亚（Henrietta Maria）为王后，这已犯了英国新教徒的大忌。他也是挥霍无度，召开国会的唯一目地就是要增税。他又立下许多苛政陋规，包括军队有权占用民房（后来美国独立革命时，这也是殖民地反对英国的理由之一）。

这时，新教的国会自然集体反对英王。国会在柯克的主导下，在1628年，向查理一世表达反对意见，呈递著名的权利请愿书（Petition of Right）。这份请愿书批评查理一世不应任意增税、未经正当程序（due process）就随意判人入罪、任意捕人、未审而判、军队强占民房（柯克说出一句名言：「英国人的家就是他的城堡」，意为：任何家庭都不许外人随意闯入）。

但更重要的举动还是柯克找出封存四百年之久，但仍具法定效力的大宪章，并依大宪章的条文，逐项指责查理一世违背国法的事实。此举不但打破詹姆士一世以来，宣称君权神授，不受议会俗世法令的约束，同时也让一个民间的议会代表，能够凭着一纸「先王钦定保民大法」，厉声谴责后世国王的失职与失德。这实为人世间首次发生的奇景。显然，这份「大宪章」只有在王权与「王权相对的势力」，形成对等状态时，才有机会发挥功效。

至此，国会终于和查理一世闹翻，双方于1642年开战，查理一世战败，并于1649年遭新教徒（通称为清教徒）处死。英国由清教徒领袖，克伦威尔（Oliver Cromwell, 1599-1658），独裁统治。

克伦威尔是以独裁专制的方式统治英国，并以强势压迫异己份子，尤其爱以高压迫害方式对付罗马天主教徒。讽刺的是，这时侯没有任何人敢于高举大宪章，向克伦威尔这位「护国主」要求合法的权利与审判程序。其实，个中道理却也简单，因为克伦威尔的权力独大，没有相对等的势力足与他抗衡。至此，新教派领袖人物，柯克，高举民权正义所引用的法律，大宪章，看来又失去功能，落入冷宫。

3.民间（资产阶层）势力大于王权，「法律」终于出头

1688年，一批新教贵族不满有意恢复罗马天主教的詹姆士二世（King James II，1685-88，即查理二世之弟，约克公爵），私下邀请詹姆士二世之女，玛利及其夫婿，荷兰领主，奥伦治（William Orange），率荷兰兵进入英国，赶走詹姆士二世，此即光荣革命（The Glorious Revolution；就實際而言，應屬「私通外國」）。此时，英国号称威廉与玛利（William and Mary）共为英王，但实则为威廉（称号为：威廉三世－William III）主理国政。

由于威廉是外来的英王，没有根基，这时的国会与威廉的王权，终可处于一种微妙的平衡状态，国会的气势甚至驾凌新王。1689年，强势的国会为防止国王滥权，特订权利法案（Bill of Rights），要求国王不得随意征税、不能任意拘捕人民，议员在国会拥有言论自由，一切公众事务及法律案件必须依照法定程序行事（due process）。这些主张都可见于柯克的权利请愿书（the Petition of Right）及大宪章，可说旧事重

提而己。

两年后，气壮势大的国会再颁订王位继承法（Act of Settlement），禁止天主教徒，或有天主教配偶的人，继承王位。更重要的是王位继承人，须经国会同意，看来国会还可以干涉王权。从此，英国的王权不能一人独大，必须与国会共治，还须受制于议会所颁订的法律。

自此，国会与王权处于对等，甚至大于王权时，大宪章，以及国会订的法律，才能发生效力，让法律足以自行。从此，英国成为依法治国的先驱。反过来说，任何国家没有前述「均权、对等」的背景条件时，人民难以约束「当权者」，即使有此「法律」，亦难发生实效。结果都是「刑不上大夫」，更不上王权，造成徒法无以自行。

从另方面看来，约翰王签下大宪章时，当时的贵族都是依附大主教蓝登，向约翰王争取公道。这份大宪章，宣言见证人之首就是蓝登，第一项要求就是保彰大主教、教士及教会的权利，贵族倒在其次。就理论而言，英国天主教会及其主教，以及国教会的主教，至少都可依大宪章的第1条，39条，40条等条文，向司法机关申诉应得的权利。但事实上没人这么做。就其原因，实因这些主教，无论是天主教会或英国国教会的势力早已没落，远不如那些新兴的知识及资产阶层的势力，不但没有对等的力量，权力还被俗世的国会议员大幅削减，自然无法取得「法定的权利」。

那么，这份大宪章为何如此广受世界各地人士推崇？还被誉为英国立国的精神？这道理却也简单，因为十九世纪的

维多利亚女王时代，英国是日不落帝国，国势如日中天，盎格鲁撒克逊人无论政治、经济、军力、文化，都是处于世界首屈一指的领袖地位，英语民族的自负已达顶点。当代英国拥有最好的法律体系，连欧陆的法、德都难以相比，更不必提那些落后的亚非国家了。在此背景下，英国人自会把 Magna Carta 大加宣扬，赞誉有加，并宣称是英国以法立国的基石，雄视环宇。自此，Magna Carta，亦即原来称为「Articles of the Barons」的文件，遂名满天下。

十九世纪后期，日本明治维新时的「遣欧使」将这份原意为「大文件」的 Magna Carta，特译为「大宪章」，以示其崇高宏伟。不过，对有意寻取法治的国家，不宜只是随着西方人，盛赞其丰功伟德，实应认清其过程与成功的关键，至少不要天真的认为只要订出一部美好的「大宪章」就可马上平天下。

## 英国法律足以自行的实例：英荷舰队被法军歼灭，舰队司令受审无罪

还有一个问题，既然国会掌握到实际的民权，也订立了限制王权的法律，那么，法律是否不受王权干扰，足以自行？让我们续看历史，拭目以待结果：

荷兰来的威廉三世受奉为英国国王后，并不清闲，马上就得抵抗法王路易十四的野心。1690 年 7 月，法王路易十四为切断英国与荷兰的商业航路，派出七十余艘战舰进入英

吉利海峡。英国新来的威廉王则派海军大将,托林顿伯爵（Admiral Earl of Torrington）率英荷联合舰队迎战。双方舰队在英吉利海峡,峡路相逢,正面对决。双方舷炮全开,经过一日激战,结果是英荷舰队大溃,十二艘战舰全遭法舰击沉,多艘重伤。托林顿见伤亡惨重,无力再战,只好狼狈退回泰晤士河。

依照当时英国的法律体制,英军司令托林顿,应该承担溃败最大的责任。因此,就只有他一人被解送至军事法庭受审。但审判团的法官认为:托林顿确已尽责迎战,但胜败乃兵家常事,除非有明显疏失及错误,不应以胜败论罪。最后作出无罪的判决。

托林顿的大败仗,还让威廉王亲手扶植的荷兰战舰多艘被击沉。威廉王自然非常心痛而恼怒托林顿。但在英国已相当完备的法治体系下,纵使国王都难凭一己之见,随意惩处官兵,仍由法官依法判决。从此事件即可见到英国这时的法律,已不受国王权威及其私愿的干涉,足以自行的实景。

还有值得一提的是英国海军在这次惨败于法国海军后,并未就此退出海洋。事实上,这是英国海军最后一次败仗。英国海军记取失败教训,整兵练旅,不断改进（如增快舰炮发射速度,比法军舰炮快了一半以上）。从此以后,无役不胜,连续痛歼法国海军,还成为海洋霸主,日不落帝国。

这事件若发生在其他国家,国王已有足够理由殊杀领兵大将以泄愤,或借机转移战败焦点。就以清末的甲午海战为例。北洋舰队被日本舰队击败后,北洋舰队提督丁汝昌立

即上书李鸿章，声称：都因济远舰的舰长方伯谦，临阵脱逃而溃败，应将「着即正法，以肃军纪」。清廷竟能以超高效率，在第二天就回电同意，第三天，丁汝昌即将方伯谦斩首处死。当时对如此重大案件，在三天的判决过程中，完全没有依凭大清先皇康熙钦定的大清律（乾隆修订后，称为：大清律例）去判断是非曲直，只凭败军之将片面之词，就可迅速定人死罪！何其不公、何其不义？

若与英国托林顿战败案件相比较，可以明显看出，清朝的舰队司令，丁汝昌，与宰相，李鸿章，神通广大，竟能避开大清先皇钦定的国法，不受审讯，却能诿过小官、还杀属下以御责。若再对比日军军酋，尚有切腹自杀以示负责，未闻诿过下属者。显然，「大清律」无法发挥「正大光明」的功能。

反观英国，显然是法网恢恢、疏而不漏，败战责任直接指向舰队司令，追究责任，无法遁迹；但托林顿却能从法律中获得正义，获无罪处置。从英国与清朝这两则审判案件看来，充分说明：「奉法者强，则国强，奉法者弱，则国弱」确为真理。这两个判例，实可供法界作为研讨题材，以招炯诫

不止于此，从这两个案件的背景，还会导至下列两种不同的结果，不容忽视：

一若法律健全，足以自行，于是政府官员，只要不违法、行的正，在法律的保障下，自会培养出勇于任

附录　281

事、肯负责、有担当，甚至勇于改革、开创新局的官员与风气；
- 若法律不彰，权大者可以超越法律、操弄法律，于是政府官员，自然都在看长官脸色办事，个个畏首畏尾，不敢担责任事，深怕出事，成为代罪羔羊。在此风气下，政府官员自会造成多做多错的心态，更不会想到改革创新之事了。

这种因果效应，分别造出：朝气与暮气，值得后人深思。

```
國家圖書館出版品預行編目

Law/西方法律的渊源与根基：认识西方法律
的根源、探索法治的根基 / 王鈞生著. --
臺北市：獵海人, 2025.03
   面；  公分
正體題名:Law/西方法律的淵源與根基: 認
識西方法律的根源、探索法治的根基
   ISBN 978-626-7588-23-9(平裝)

1.CST: 法制史 2.CST: 西洋史

580.91                              114003567
```

# 西方法律（Law）的渊源与根基
## ——认识西方法律的根源、探索法治的根基

**作　　者**／王鈞生
**出版策劃**／獵海人
**製作銷售**／秀威資訊科技股份有限公司
　　　　　　114 台北市內湖區瑞光路76巷69號2樓
　　　　　　電話：+886-2-2796-3638
　　　　　　傳真：+886-2-2796-1377
**網路訂購**／秀威書店：https://store.showwe.tw
　　　　　　博客來網路書店：https://www.books.com.tw
　　　　　　三民網路書店：https://www.m.sanmin.com.tw
　　　　　　讀冊生活：https://www.taaze.tw

**出版日期**／2025年3月
**定　　價**／400元

版權所有・翻印必究　All Rights Reserved
Printed in Taiwan